A Geneviève

Avec tous mes Voeux bilingues

le 2 juin 2018

LA RÉVOLUTION BILINGUE

LE FUTUR DE L'ÉDUCATION S'ÉCRIT EN DEUX LANGUES

Fabrice Jaumont

Avant-propos par Ofelia García

TBR Books
Brooklyn, New York

TBR Books
146 Norman Avenue
Brooklyn, New York
www.tbr-books.com

Pour toute information et escompte sur l'achat en vrac, veuillez contacter TBR Books à contact@tbr-books.com

Illustration de la couverture © Raymond Verdaguer
Photographie au dos du livre © Jonas Cuénin
Design de la couverture © Nathalie Charles

La Révolution bilingue / Fabrice Jaumont – 1ère édition.
ISBN 978-1-947626-01-0 (broché)
ISBN 978-1-947626-04-1 (couverture rigide)
ISBN 978-1-947626-05-8 (eBook)
ISBN 978-1-947626-07-2 (livre audio)

The Library of Congress has catalogued the TBR Books hardcover edition as follows
Jaumont, Fabrice
La Révolution bilingue : le futur de l'éducation s'écrit en deux langues / Fabrice Jaumont
Includes bibliographical references and index
Library of Congress Control Number 2017949232

Ce qu'ils en ont pensé

« La Révolution bilingue de Fabrice Jaumont : un livre original, convaincant et passionnant sur le succès de l'éducation bilingue aux États-Unis et sur le rôle des parents dans la création de filières bilingues dans l'enseignement public.

- *original parce que de nombreux ouvrages sont consacrés au bilinguisme en famille mais jusqu'à présent aucun ne proposait aux parents le mode d'emploi pour instaurer le bilinguisme dans les écoles de leurs enfants.*
- *convaincant parce que ce livre est basé sur l'expérience de l'auteur dans un contexte éducatif très difficile à transformer, sur sa conviction qu'il est possible d'offrir un enseignement bilingue de qualité à tous les enfants et sur son engagement pour une éducation bilingue qui réduise les inégalités entre les langues et leurs locuteurs.*
- *passionnant parce qu'il donne aux parents les clés dont ils ont besoin pour transformer l'éducation langagière des enfants, les stratégies à mettre en place pour faire évoluer les systèmes éducatifs, et l'enthousiasme nécessaire pour que l'éducation bilingue devienne la norme dans un nombre croissant d'écoles publiques.*

Écrit aux États-Unis et publié dans plus de dix langues, le livre de Fabrice Jaumont pourrait également susciter une révolution dans le monde éducatif français ; car même si le mode d'emploi peut-être différent en France, les parents français ont déjà montré leur détermination pour créer des filières bilingues en langues régionales. Restent tous les parents qui désirent une réelle éducation bilingue dans d'autres langues et qui trouveront dans La Révolution bilingue un modèle d'enthousiasme et de détermination qui les convaincra d'agir comme les parents new yorkais. »

— Dr. Christine Hélot, Professeure des universités émérite, Université de Strasbourg, France. Auteure de L'éducation bilingue en France : Politiques linguistiques, modèles et pratiques (2016) avec Jürgen Erfurt (Lambert Lucas)

« Et si le français regagnait ses lettres de noblesse aux États-Unis ? Inlassable promoteur de l'enseignement bilingue accessible à tous, Fabrice Jaumont a fait le pari que c'était possible jusque dans les quartiers populaires de New York. Son secret, l'engagement citoyen et la mobilisation de parents francophones et francophiles. Ce livre est une réelle inspiration pour celles et ceux qui militent pour l'enseignement du français et le rayonnement de la Francophonie dans les Amériques. »

— Michel Robitaille, Délégué général du Québec à New York et à Paris et Représentant personnel du Premier Ministre du Québec pour la Francophonie. Ancien enseignant de français et conseiller pédagogique en Louisiane.

« En tant que président d'une société multinationale, je sais de première main que la maîtrise des langues est essentielle pour communiquer et comprendre les managers, les clients et les consommateurs du monde entier. Pour y parvenir, savoir les langues est essentiel. La Révolution bilingue, le puissant livre de Fabrice Jaumont, montre à quel point l'éducation multilingue peut être déterminante pour nos jeunes et dépeint une tendance très prometteuse qui s'empare des États-Unis. Une lecture incontournable pour toute personne intéressée par l'avenir de l'éducation. »

— Bruno Bich, Président Directeur Général, Société BIC

« Ce livre passionnant raconte l'histoire de l'éducation bilingue aux États-Unis, et les forces sociales qui en ont façonné la trajectoire, à partir d'une perspective à la fois personnelle et savante. La pièce centrale est un manuel de planification pour créer votre propre filière bilingue et, ce faisant, créer votre propre révolution. Recommandé pour les parents, les enseignants et tous ceux qui pensent que l'apprentissage des langues dès le plus jeune âge est important. »

— Dr. Ellen Bialystok, Membre de la Société Royale du Canada et Professeure émérite à l'Université York. Titulaire de la chaire de recherche Walter Gordon York pour le développement cognitif

« Le multilinguisme n'est plus un luxe réservé aux personnes privilégiées qui peuvent fréquenter les écoles bilingues ; c'est une compétence indispensable du XXIème siècle dont les enfants auront besoin pour réussir dans leur vie et dans leur travail. À plusieurs égards, la Révolution bilingue de Fabrice Jaumont offre à chacun les mêmes chances en partageant des exemples de modèles bilingues et leurs meilleures pratiques, tout en démystifiant l'apprentissage des langues pour que les parents et les éducateurs puissent disposer d'une feuille de route pour commencer leur propre « révolution ». La Révolution bilingue doit être lue par tous les parents qui veulent que leur enfant soit prêt à affronter le monde. »

—Angela Jackson, Fondatrice,
Global Language Project

« Le livre de Fabrice Jaumont se trouve en première ligne de la Révolution bilingue naissante qui traverse les systèmes scolaires des États-Unis et s'interroge sur son amélioration et sa promotion. Fabrice Jaumont décrit l'enthousiasme croissant du pays pour l'éducation multilingue et fournit une feuille de route pour les communautés qui souhaitent rejoindre le mouvement. »

—Conor Williams, Ph.D. Directeur de recherche, New America's Education Policy Program. Fondateur du Dual Language Learners National Work Group

« La Révolution Bilingue de Fabrice Jaumont est un chef d'œuvre révolutionnaire, un livre incontournable et pragmatique pour non seulement parents et éducateurs mais également pour les managers et dirigeants d'entreprises à vocation et ambition international. L'éducation bilingue forme les futurs leaders multilingues et multiculturels dont les entreprises ont besoin pour se développer efficacement dans un monde économique de plus en plus global et interconnecté. Elle permet également de réduire les inégalités au sein des communautés d'expatriés en offrant à tous un enseignement bilingue de grande qualité. Enfin l'éducation multilingue offre, dès le plus jeune âge, une formation à l'écoute de l'autre et de la différence, atout indispensable pour la jeunesse de demain. Ce livre est donc un « must-have » qui doit être lue par tous ceux, parents, éducateurs et leaders, qui veulent agir en faveur de cette incroyable révolution linguistique et culturelle menée brillamment par Fabrice Jaumont et qui est incontestablement la solution la plus efficace pour relever les nombreux défis de la mondialisation.»

—Nathalie Risacher, Chief Operating Officer, Natixis CIB Americas, Advisory Board, French American Chamber of Commerce, Conseiller du Commerce Extérieur pour la France aux États Unis et mère de trois enfants bilingues et biculturels

« Fabrice Jaumont tisse les histoires personnelles, politiques et communautaires du mouvement bilingue en pleine croissance dans un livre convaincant et d'une importance vitale qui lie les histoires personnelles à la pratique et à la science de l'éducation bilingue. Ce chef-d'œuvre sera indispensable pour les parents et les leaders éducatifs aux États-Unis et dans le monde. »

—William P. Rivers, Ph.D. Directeur exécutif du Joint National Committee for Languages – National Council for Language and International Studies

«Le monde moderne nous oblige, pour se sentir en harmonie avec lui, à penser global et à agir local. L'éducation bilingue est sans conteste aujourd'hui la solution la plus originale et la plus efficace pour relever le défi de l'ouverture à la langue française et au monde francophone en partenariat avec d'autres grandes langues nationales. Le bilinguisme n'est pas seulement l'apprentissage simultané de deux langues universelles, c'est aussi une scolarisation dans le respect et le génie de chacune des deux langues d'enseignement. Les neuropsychiatres affirment que cette double exposition est un atout pour le cerveau et que plus on pratique ce bilinguisme, mieux c'est pour l'enfant. Le livre-enquête et d'analyse de Fabrice Jaumont, PhD, spécialiste de ce type d'éducation reconnue dans de nombreux pays, est en phase avec l'accélération de la mondialisation éducative, tant dans les écoles publiques que privées. La France est pour sa part en pointe en matière de développement du caractère bilingue de la pédagogie française déjà attractive à l'étranger. »

— Louis Duvernois, Sénateur des Français établis hors de France, Vice-Président de la Commission de la Culture, de l'Education et de la Communication du Sénat de la République française

«Dans notre ère de plus en plus interconnectée, miniaturisée et fragile, les écoles du

monde entier s'efforcent de donner aux jeunes les compétences, les capacités et les sensibilités qui leur permettront de devenir des citoyens autonomes, engagés et productifs. L'enseignement et l'apprentissage des langues et la culture de ce qu'on appelle « l'avantage bilingue » font à nouveau surface dans les écoles, grandes et petites, partout aux États-Unis. Il semble que parents et enseignants cherchent à trouver un idéal d'enseignement ou d'apprentissage en deux langues. Ne cherchez plus : le livre La Révolution bilingue est fait pour vous. C'est une réussite rare. Il parvient à combiner une vision féconde de l'éducation, abordant les questions d'identité et de cosmopolitisme, à un mode d'application pratique soutenu par des preuves convaincantes. Une lecture incontournable pour chaque parent, chaque enseignant, chaque administrateur désireux de créer et de soutenir de meilleures filières bilingues pour le XXIème siècle. »

—Marcelo M. Suárez-Orozco, Ph.D. Doyen & Professeur émérite de l'école d'éducation de UCLA. Auteur de Global Migration, Diversity, and Civic Education: Improving Policy and Practice.

Du même auteur

Jaumont, Fabrice. *Unequal Partners: American Foundations and Higher Education Development in Africa.* New York, NY : Palgrave-MacMillan, 2016.

Jaumont, Fabrice. *The Bilingual Revolution : The Future of Education is in Two Languages.* New York, NY : TBR Books, 2017

Jaumont, Fabrice. *Partenaires inégaux. Les fondations américaines et leur influence sur le développement des universités en Afrique.* Paris : Éditions de la Maison des sciences de l'homme, collection « Le (bien) commun », 2018.

Table des matières

Préface

L'idée de ce livre est venue de mes efforts pour le développement de l'éducation bilingue dans les écoles publiques américaines depuis la fin des années quatre-vingt-dix. Je suis parti vivre aux États-Unis en 1997 pour travailler au Consulat de France à Boston en tant qu'Attaché linguistique. Grâce à ce poste, j'ai pu visiter de nombreuses écoles du pays. Ma première rencontre avec les écoles d'immersion a eu lieu dans le Massachusetts, dans les villes de Milton et Holliston. Né en France, ces écoles ont tout de suite attiré mon attention puisqu'elles offraient un cursus d'immersion en français, de la maternelle au lycée, à des enfants américains qui n'avaient pas forcément de lien particulier avec le français ou un pays francophone. Plus important encore, ces programmes, offerts gratuitement par des écoles publiques, étaient par conséquent ouverts à n'importe quel élève. Cela a laissé en moi une profonde empreinte, alors que je découvrais comment ces enfants étaient parvenus à maîtriser ma propre langue, devenant finalement bilingues et bilettrés.

Au fil des années, ces deux programmes en français ont instruit, par le biais de l'immersion linguistique, des milliers et des milliers d'enfants. Ces écoles, ainsi que les enseignants et les parents qui les soutiennent, m'inspirent toujours à ce jour et ont grandement influencé ma vie et ma carrière. Peu de temps après ces visites, je suis devenu directeur d'une école internationale privée de Boston où je gérais un programme bilingue international rigoureux. Les familles de cette école avaient foi en ce cursus et en une éducation dont l'approche s'orientait vers la maîtrise des langues, afin d'apporter des compétences de vie qui ouvraient la porte à une myriade d'opportunités pour leurs enfants. Tout comme moi, elles étaient convaincues que le bilinguisme pouvait apporter d'incroyables bénéfices et elles étaient déterminées à offrir le don des langues à leurs enfants.

En 2001, je me suis installé à New York pour devenir Attaché linguistique pour l'Ambassade de France aux États-Unis, un poste que j'occupe toujours aujourd'hui. Mon travail consiste à collaborer avec de nombreux chefs d'établissements, enseignants, parents d'élèves et associations locales. Ensemble, nous avons lancé une initiative qui mena à la création des premières filières bilingues en français dans les écoles publiques de New York. À cela s'ajoute la création de filières en japonais, allemand, italien et russe pour lesquelles j'ai offert mon aide. En 2014, notre histoire a attiré l'attention de plusieurs médias dont le New York Times qui a publié un article sur la montée des filières bilingues à New York, mettant en avant les impacts positifs de ces cursus sur les écoles publiques et leurs communautés. Après ces publications, un débat intéressant s'est ouvert sur l'intérêt d'apprendre une langue étrangère de nos jours aux États-Unis et sur la pertinence de l'acquisition des langues dès le plus jeune âge. Ce débat et les questions qu'il a soulevées auprès des parents issus de diverses communautés linguistiques m'ont poussé à écrire ce livre.

Père de deux filles bilingues et biculturelles scolarisées dans la filière francophone d'une école publique de Brooklyn, je suis aussi profondément attaché au concept d'éducation bilingue comme moyen de préserver un patrimoine linguistique et d'acquérir une deuxième langue. Je voulais que ce livre s'adresse directement aux familles dans l'espoir de leur fournir savoirs, conseils et encouragements lorsqu'elles envisageront de créer une filière bilingue dans leur communauté scolaire. De ce fait, il propose une feuille de route aux parents prêts à se lancer dans une telle initiative, ainsi que des étapes à suivre, des exemples et des témoignages d'éducateurs et de parents qui ont emprunté la même voie.

Au cours de mes recherches, de mes expériences professionnelles et de mes démarches personnelles, j'ai découvert que les enfants qui ont suivi une éducation bilingue profitent de nombreux avantages au-delà de l'acquisition d'une autre langue, parmi lesquels une meilleure appréciation des autres cultures, des autres individus et même de soi. Par ailleurs, je suis convaincu que les bienfaits cognitifs, émotionnels et sociaux du bilinguisme, de la bialphabétisation et du biculturalisme ne devraient pas être limités aux écoles privées et à ceux qui ont les moyens d'y accéder. Selon moi, l'éducation bilingue est un bien universel d'une valeur inestimable qui devrait être développée partout car elle peut transformer positivement un enfant, une famille, une école, une communauté et même un pays. C'est avec cette conviction et la certitude que les parents peuvent faire la différence que je partage ce livre dans l'espoir de voir de plus en plus de filières bilingues se développer dans les écoles du monde entier.

Fabrice Jaumont, le 21 août 2017 à New York

Remerciements

Ce livre n'aurait jamais pu voir le jour sans le soutien et les encouragements de nombreuses personnes et organisations. Je voudrais exprimer ma gratitude envers ceux qui ont donné de leur temps pour m'accorder des entretiens, pour avoir rendu leurs données accessibles à cette étude, pour avoir partagé avec moi leur savoir, leur passion et leur expertise à propos de sujets abordés dans ce livre mais aussi pour avoir fait brûler avec tant d'ardeur la flamme de la Révolution bilingue. Pour tout cela ainsi que pour leur aide et leurs encouragements à divers moments, j'adresse un remerciement tout particulier à :

Marty Abbott, Mary Acosta, Maha Afifi, Ria Aichour, Carine Allaf, Debbie Almontaser, Tamara Alsace, Michele Amar, Gabrielle Amar-Ouimet, Anna Cano Amato, Shareen Anderson, Ana Ines Ansaldo, Gérard Araud, Carmen Asselta, Laetitia Atlani-Duault, Laurent Auffret, Milady Baez, Corinne Bal, Lena Barbera-Johnson, Isabelle Barrière, Gretchen Baudenbacher, Antonin Baudry, Celine Beloeil, Franck Benayoun, Alessandra Benedicty, Anne Benoit, Adrienne Berman, Lenore Berner, Vanessa Bertelli, Anne Berthelot, Ellen Bialystok, Bruno Bich, Josée Bienvenu, Edith Boncompain, Piera Bonerba, Habiba Boumlik, Claire Bourgeois, Marie Bouteillon, Iwona Borys, Gilles Bransbourg, Alexis Buisson, Gracie Burke, Therese Caccavale, Talcott Camp, Robert Celic, Karyn Chemin, Lanny Cheuck, Joelle Ciesielski, Andrew Clark, Karl Cogard, Elisa Conigliaro, Ilaria Costa, Earlene Cruz, Jonas Cuénin, Elizabeth Czastkiewizc, Elizabeth Rose Daly, Caroline Daoud, Bénédicte de Montlaur, Virgil de Voldère, Merilla Deeb, Jean-Cosme Delaloye, François Delattre, Katie Dello Stritto, Anaïs Digonnet, Carmen Dinos, Verena Dobnik, Karin Dogny, Fabienne Doucet, Jean-Claude Duthion, Louis Duvernois, Joseph Dunn, Jont Enroth, Gérard Epelbaum, Anne-Laure Faillard, Carmen Fariña, André Ferrand, Martina Ferrari, Yuli Fisher, Nelson Flores, Tara Fortune, Heather Foster-Mann, Jesus Fraga, Naomi Fraser, Ofelia García, Banafche Garnier, Muriel Gassan, Giselle Gault-McGee, Hélène Godec, Kevin Goetz, Enrique Gonzalez, Vartan Gregorian, Francois Grosjean, Tommi Grover, Anne-Sophie Gueguen, Bruce Hale, Skip Hale, Phillip Hall, Julie Hallac, Terri Hammat, Vanessa Handal, Mary Ann Hansen, Robert Hansen, Alan and Catherine Harper,

Elisabeth Hayes, Carol Heeraman, Gaby Hegan, Hannah Helms, Christine Hélot, Annie Heminway, Juliette Hirsch, Vanessa Hradsky, Peep Hughes, Sandrine Humbert, Marion Hurstel, Sandrine Isambert, Olga Ilyashenko, Angelica Infante, Angela Jackson, Maria Jaya, Jillian Juman, Olga Kagan, Hee Jin Kan, Soumountha Keophilavong, Celine Keshishian, Jack Klempay, Tatyana Kleyn, Maria Kot, Jennifer Kozel, Thierry Roland Kranzer, Thomas Kwai, Nari Kye, Anne Lair, Mathilde Landier, Sophie Larruchon, David Lasserre, Annie Le, Benoit Le Devedec, Virginie Le Lan, Alessia Lefebure, Annique Leman, Irene Leon, Olga Liamkina, Diana Limongi, Maggie Liston, Evelyn Lolis, Susan Long, Marcello Lucchetta, Sean Lynch, Chantal Manès, Laurent Marchand, Gaétan Mathieu, Marc Maurice, Jennifer Mazigh, Hélène Maubourguet, Mimi Met, Thomas Michelon, Yumi Miki, Jeffrey Miller, Jean Mirvil, Belinda Mondjo, Christophe Monier, Oisín Muldowney, Monica Muller, Kaye Murdock, Tomoko Nakano, Florence Nash, Martina Nerrant, Naomi Nocera, Sophie Norton, Sandie Noyola, Toby Oppenheimer, Bahar Otcu-Grillman, David Ouimet, Nilda Pabon, Daniel and Ailene Palombo, Lucia Pasqualini, Marie Patou, Guénola Pellen, Danielle Pergament, Jayme Perlman, Catherine Pétillon, Joy Peyton, Andrea Pfeil, Magali Philip, Catherine Poisson, Kim Potowski, Florence Poussin, Stefania Puxeddu, Dana Raciunas, Blake Ramsey, Olivia Jones Ramsey, Jeannie Rennie, Luis Reyes, Nancy Rhodes, Pascale Richard, Zachary Richard, Kareen Rispal, Joseph Rizzi, Gregg Roberts, Ana Roca, Nicky Kram Rosen, Rita Rosenback, Linda Rosenbury, Alfred and Jane Ross, Keith Ryan, Emmanuel Saint-Martin, Maria Santos, Harriet Saxon, Clémence Schulenburg, Julia Schulz, Kirk Semple, Marie-Pierre Serra-Orts, Beth Shair, Tina Simon, Elisa Simonot, Lea Joly Sloan, Olivier Souchard, Jack Spatola, Julia Stoyanovich, Ircania Stylianou, Julie Sugarman, Robin Sundick, Claire Sylvan, Véronique Sweet, Aya Taylor, Mary-Powell Thomas, Christelle Thouvenin, Paul Robert Tiendrébéogo, Annie Vanrenterghem-Raven, Yalitza Vasquez, Raymond Verdaguer, Louise Alfano Verdemare, Nancy Villarreal de Adler, Pierre Vimont, Judith Walker, Cécile Walschaerts, Shimon Waronker, Katrine Watkins, Sylvia Wellhöfer, Katja Wiesbrock-Donovan, Conor Williams, Alicja Winnicki, Ron Woo, Li Yan, Mika Yokobori, Brian Zager, Zeena Zakharia, Donna Zilkha, and Amy Zimmer.

Enfin, je voudrais remercier Margaret Liston pour son talent incroyable et sa persévérance dans la révision de mes nombreux brouillons, Jack Klempay pour sa relecture assidue de mon manuscrit, Darcey Hale, ma « mère américaine » de 83 ans, dont la révision méticuleuse, mot par mot, ligne par ligne, de mes brouillons a permis d'apporter clarté et concision aux idées que je voulais exprimer, Juliette Hirsch et Julie Hallac pour leur aide exemplaire sur cette version française d'un texte initialement écrit en anglais. Je voudrais dire ma reconnaissance à ma femme, Nathalie, et mes filles, Cléa et Félicie, ainsi qu'à ma famille et mes amis en France et aux États-Unis, pour m'avoir apporté l'appui et la force de mener à bien ce projet.

L'éducation bilingue : la volte-face des parents et des communautés

Par Ofelia García

Ce livre apporte une contribution des plus importantes en se concentrant sur un sujet souvent absent, celui du rôle primordial que jouent les parents de divers milieux ethnolinguistiques dans le façonnement de l'éducation de leurs enfants aux États-Unis. Les livres sur l'éducation bilingue sont souvent destinés aux enseignants, et très peu se sont intéressés à ce que les familles pouvaient faire pour s'assurer que les écoles publiques américaines développent des filières d'éducation bilingue pour leurs enfants. L'histoire la plus importante que raconte le livre de Fabrice Jaumont est ce *désir des familles américaines* de voir leurs enfants apprendre en deux langues, en anglais mais aussi dans une langue à laquelle ils se sentent particulièrement liés. Contrairement à ce que pense l'opinion publique, les familles américaines de diverses origines ethnolinguistiques sont prêtes à développer des programmes d'éducation bilingue pour leurs enfants.

Alors que le gouvernement et que les départements en charge de l'éducation dans chaque État ont toujours vu de façon négative l'usage d'autres langues que l'anglais pour l'éducation des jeunes Américains, les familles de la classe moyenne sont aujourd'hui engagées dans ce que Fabrice Jaumont appelle une révolution. Une révolution qui commence à la base, par les parents qui reconnaissent la valeur du bilinguisme puisqu'il fait partie de leur identité américaine. Et c'est précisément ce qui fait la qualité du livre de Fabrice Jaumont : il nous rappelle que *l'éducation bilingue est une tradition américaine*, bien qu'elle se soit enlisée dans les tensions, les controverses et les défis, comme je le démontre plus tard.

Le livre de Fabrice Jaumont retrouve l'espoir d'une tradition de l'éducation bilingue qui nous rappelle que *tous les Américains* (de diverses identités ethniques, classes sociales et pays d'origine) ont des pratiques linguistiques et culturelles multiples. Dans ce livre, les parents américains dont l'héritage linguistique des enfants est empreint de mots arabes, chinois, anglais, français, japonais, italiens, allemands, polonais, russes et espagnols, comprennent l'importance de ces pratiques. Selon eux, une éducation bilingue n'est pas qu'une façon de renouer avec le passé mais de reconnaître un présent américain multilingue et de forger les possibilités d'un futur plus inclusif pour tous les enfants.

Ici, je retrace à la fois les traditions de l'éducation bilingue américaine et ses oppositions. En analysant également la façon dont l'éducation bilingue est réinterprétée lors de la deuxième moitié du XXème siècle, je décris comment le livre de Fabrice Jaumont propose *une volte-face de l'éducation bilingue*, un retour à ses origines. Plutôt que de commencer par les lois et mandats gouvernementaux et de se concentrer sur ce qui manque, Fabrice Jaumont propose que nous commencions par le souhait des communautés linguistiques, nouvelles et anciennes, d'éduquer leurs enfants dans un environnement bilingue. Les filières qu'illustre Fabrice Jaumont *commencent avec les enfants et avec le désir des parents et des communautés* de les éduquer. Ce n'est pas une tâche facile. La route est longue et sinueuse car elle nous oblige à changer la voie que suivent les écoles publiques américaines, celle de l'anglais comme langue unique. L'aspect le plus important du livre de Fabrice Jaumont est donc la feuille de route qu'il donne aux familles ; une feuille de route qui permettra justement aux parents d'imaginer leur propre chemin, d'imaginer, comme le dit le poète espagnol Antonia Machado, un « *camino al andar* » (le chemin se fait en marchant).

Une tradition américaine d'éducation bilingue et d'opposition

Tout au long du XVIIIème siècle, les communautés germanophones de Pennsylvanie et de l'Ohio mirent en place des écoles où l'allemand était utilisé pour faire classe (Crawford, 2004 ; García, 2009). Ces écoles se développèrent au cours du XIXème siècle jusqu'à ressembler de plus en plus aux filières bilingues que nous connaissons aujourd'hui. Durant la seconde moitié du XIXème siècle, les enfants de Cincinnati partageaient leur semaine entre un enseignant anglais et un enseignant allemand. En 1837, un an avant l'ouverture de la première école publique exclusivement anglophone à Saint-Louis, une école publique allemande-anglaise fut fondée. À l'époque, dans les écoles publiques de la ville, un quart des élèves n'avaient aucun ancêtre allemand, ce qui rappelle les filières actuelles, surnommées « à double sens », où les enfants de minorités ethnolinguistiques et les enfants majoritairement anglophones sont éduqués côte à côte pour développer le bilinguisme de chacun. Et pourtant, à la fin du XIXème siècle, Saint-Louis mit fin à sa politique d'éducation bilingue, décision qui restreignit l'enseignement de l'allemand aux lycées publics.

L'opposition à cette tradition américaine d'éducation bilingue ne date pas d'aujourd'hui. Au départ, ceux qu'on considérait comme les « non-blancs » (les Amérindiens et les esclaves venus d'Afrique) n'avaient aucun droit de parole. Privés d'éducation, leurs pratiques linguistiques étaient réduites au silence. Le Traité de Guadalupe Hidalgo (1848), qui mit fin à la guerre contre le Mexique, fit apparaître l'espagnol dans les territoires américains de l'époque (qui comprennent aujourd'hui la Californie, l'Arizona, le Texas, le Nevada, le Nouveau Mexique, l'Utah et quelques parties du Colorado et du Wyoming). En 1874, dans ce qui deviendrait plus tard le Nouveau Mexique, seuls cinq pourcent des écoles étaient exclusivement anglophones. Quinze ans plus tard, en 1889, le pourcentage s'élevait à quarante-deux pourcent (Castellanos, 1983). La croissance de l'espagnol aux États-Unis devait être arrêtée. Tout au long du XIXème siècle, les Américains qui n'étaient pas considérés comme blancs recevaient une éducation de très mauvaise qualité (s'ils en recevaient une) dans des écoles ségréguées exclusivement anglophones, l'instrument principal dans le processus de disparition des langues autres que l'anglais aux États-Unis.

Cette opposition à l'éducation bilingue et à l'enseignement des langues de ceux qu'on appelait « les autres » fut bientôt étendue à tous les groupes ethnolinguistiques. Après la vente de la Louisiane en 1803, les écoles de la région proposèrent une éducation bilingue en français et en anglais. Dès 1921, la Constitution de l'État de Louisiane imposa à toutes les écoles d'enseigner uniquement en anglais (del Valle, 2003). Les diverses pratiques linguistiques des Suédois, des Ukrainiens, des Finnois, des Lituaniens, des

Polonais, des Slovaques, des Grecs, des Russes, des Italiens et des Juifs commencèrent à être mal vues à un moment où, au début du XXème siècle, l'immigration devenait de plus en plus importante. Le Président Theodore Roosevelt illustre bien l'esprit de l'époque dans son discours de 1915 : « ce ne serait pas une malchance mais bien un crime de perpétuer les différences de langue de ce pays », réclamant des immigrants qui n'avaient pas appris l'anglais après cinq ans qu'ils retournent dans leur pays (cité par Castellanos, 1983, p.40). Quand l'Allemagne devint l'ennemi des États-Unis durant la Première Guerre mondiale, l'allemand fut aussitôt déclaré langue suspicieuse. L'éducation bilingue fut abandonnée et l'apprentissage des langues dites « étrangères » fut même restreint. En 1923, quand la Cour suprême imposa des lois interdisant les langues étrangères dans trois États, lors du jugement *Meyer v Nebraska*, trente-quatre États interdisaient déjà l'utilisation d'une autre langue que l'anglais pour l'instruction (Crawford, 2004; García, 2009).

Il faudra du temps pour que l'éducation bilingue publique fasse son retour au service des communautés ethnolinguistiques. Une fois les interdictions levées, les communautés qui en avaient les moyens inaugurèrent de nouvelles écoles, maintenant leurs pratiques culturelles et linguistiques qui en général avaient lieu le week-end ou après les cours. Certaines communautés furent aussi capables d'ouvrir des écoles bilingues privées. Epstein (1977) raconte par exemple qu'en 1940, la communauté franco-américaine comptait 249 écoles bilingues *mi-anglais, mi-français, à parts égales* (Epstein, 1977, p. 37). Cependant, et malgré quelques efforts aboutis, les minorités linguistiques qui avaient été de surcroît racialisées dans un but de domination et de colonisation, tels que les Amérindiens, les Mexicain-Américains et autres Latino-Américains, n'avaient pas les capacités économiques ni le pouvoir politique de mettre en place leurs propres écoles bilingues.

La tradition de l'éducation bilingue américaine réinterprétée

Tout au long de la période des Droits Civiques, la communauté latino-américaine a exigé la création de filières bilingues qui, en plus d'éduquer ses enfants, lui permettrait de « réaliser la promesse d'une citoyenneté égale » (Del Valle, 1998, p.194). Parmi eux, on retrouve des organisations latino-américaines politiquement radicales telles que les *Brown Berets* et les *Young Lords* qui voyaient l'éducation bilingue comme une manière de rétablir le contrôle de la communauté latino-américaine et d'en améliorer son économie (Flores, 2016; Flores & García, à venir). Ce que la communauté obtint fut bien différent.

En 1965, au moment de la « *War on Poverty* », la guerre contre la pauvreté du président Lyndon Johnson, le Congrès adopta la loi pour l'éducation primaire et secondaire, *The Elementary and Secondary Education Act* (ESEA), auquel s'ajouta en 1968 son Titre VII, *The Bilingual Education Act (Loi sur l'éducation bilingue)* lors de sa réadoption. Cette nouvelle loi garantissait des fonds aux districts scolaires qui mettraient en place des filières bilingues pour apprendre l'anglais aux enfants qui ne le parlaient pas ou qui avaient besoin d'une période de transition. A l'époque, cela concernait principalement des Mexicain-Américains et des Portoricains mais aussi des Amérindiens ou des Hawaïens. L'éducation bilingue faisait son retour dans les écoles publiques sous une autre forme, limitée à ceux considérés par le gouvernement comme « *Limited English Proficient* » (à compétence limitée en anglais). Elle ne répondait pas aux attentes des diverses communautés linguistiques, même celles que cette loi était censée servir. Finalement, ces filières subventionnées par le gouvernement fédéral furent redéfinies comme des « filières de transition » où la langue autre que l'anglais n'était utilisée que pour corriger les lacunes en anglais, et seulement de façon transitoire. Dès le début, des tensions entre communautés ethnolinguistiques se firent sentir, notamment celles qui insistaient pour que leurs enfants reçoivent une éducation bilingue alors qu'ils étaient déjà bilingues. Ces tensions plantèrent le décor d'un demi-siècle de confusion et d'attaques continues.

Le gouvernement fédéral s'attendait à ce que les fonds soient utilisés pour les filières de transition. Cependant, les districts scolaires composés principalement d'éducateurs et d'élèves latino-américains et amérindiens, ainsi que quelques districts servant d'autres communautés ethnolinguistiques, utilisaient ces fonds au service de familles dont les enfants étaient parfois complètement bilingues. Ces filières bilingues tournées vers le maintien linguistique subirent de nombreuses attaques violentes. En 1980, le Président Ronald Reagan, juste après son investiture, résume ce qui devint l'opinion général de la puissante majorité :

> C'est une erreur grave et contraire aux concepts de l'Amérique,

> que d'avoir un programme d'éducation bilingue si ouvertement dédié à la préservation de leur langue maternelle et incapable de leur donner un niveau d'anglais adéquat afin qu'ils puissent entrer sur le marché du travail et y contribuer (cité dans Garcia, 2009).

Petit à petit, même les États qui soutenaient jusqu'alors l'éducation bilingue finirent par céder à la pression. Trois États, la Californie, le Massachusetts et l'Arizona, déclarèrent l'illégalité de l'éducation bilingue au tournant du XXIème siècle, tandis que des filières bilingues fermaient déjà partout dans le pays (Menken & Solorza, 2014). Nombre d'entre elles furent remplacées par des programmes exclusivement en anglais, certains proposant des classes d'anglais seconde langue qu'on avait ajoutées au programme régulier, d'autres des filières d'immersion en anglais structurées et autonomes. La tradition américaine de l'éducation bilingue réinterprétée par le gouvernement et les autorités éducatives succombait progressivement à l'éducation anglophone monolingue.

L'éducation bilingue réincarnée à travers le *dual-language*

Alors que l'éducation bilingue était en train de capituler, un mouvement cherchant à en sauver l'essence tout en lui donnant une autre forme voyait le jour. Désormais surnommée la «*Two-Way Dual-Language Education* » ou « *Two Way Immersion* » pour ne plus utiliser le mot « bilingue », cette nouvelle proposition exigeait que la moitié des élèves ne connaisse pas l'anglais et que l'autre moitié ne connaisse pas la langue étrangère d'instruction (Lindholm-Leary, 2011). Ce mouvement correspondait aux attentes de bilinguisme d'un univers mondialisé. Cependant, par leur constitution, ces modèles étaient eux aussi sujets à controverse, puisqu'ils attiraient de plus en plus d'anglophones blancs, négligeant les communautés linguistiques qui voulaient préserver leur langue. Le débat se concentrait également sur la question de la composition des classes faites de cinquante pourcent d'enfants d'une « catégorie » et cinquante pourcent d'une autre, alors qu'en réalité les communautés, en particulier les communautés ségréguées, ne sont pas composées d'un nombre égal de « catégories » d'élèves. Certaines communautés finirent par développer ce qu'on appelle aujourd'hui les filières bilingues à sens unique à l'intention d'un seul groupe d'enfants non anglophones.

La volte-face de l'éducation bilingue

Je le répète, la contribution principale du livre de Fabrice Jaumont est la particularité de son approche de l'éducation bilingue qui redonne le pouvoir aux communautés linguistiques et à leur désir d'offrir une éducation bilingue à leurs enfants. La volte-face de l'éducation bilingue est due à la volonté des communautés.

Le secteur de l'éducation bilingue s'est concentré sur la construction des programmes et la formation des enseignants. La composante principale de l'éducation bilingue, ce sont les communautés et les parents. Ils ont été mis de côté pendant de nombreuses années alors qu'ils ont toujours joué un rôle primordial dans l'éducation de leurs enfants. Ce livre apprend aux parents à devenir les *leaders* de l'éducation et à développer leurs propres filières. Des filières qui n'auront aucun a priori négatif sur les pratiques culturelles et linguistiques de leurs enfants et qui honoreront les savoirs des communautés. Le livre raconte l'histoire de parents qui ont rassemblé leur communauté et se sont battus pour que l'éducation américaine prenne une nouvelle direction. Les partenariats qu'ils ont établis ne sont pas qu'entre eux ou uniquement avec des organisations puissantes, ce sont aussi des partenariats qui rapprochent diverses communautés. Le plus grand pouvoir est en réalité dans les mains des parents intéressés et engagés à soutenir l'éducation bilingue de leurs enfants. Ce n'est pas la participation parentale traditionnelle habituellement évoquée dans les livres sur l'éducation. Ici, nous parlons du « leadership » des parents, de leurs qualités de meneurs qui apportent de vrais changements dans le paysage éducatif. La dynamique des pouvoirs est inversée, et c'est désormais la communauté qui est aux manettes, qui entraîne le système éducatif dans sa volte-face.

Il est intéressant de remarquer que ce livre utilise la ville de New York comme toile de fond, la « pomme multilingue » où les pratiques linguistiques et culturelles ont toujours été variées. Il est aussi intéressant de remarquer que c'est un spécialiste américain d'origine française qui a su reconnaître, si ce n'est déclencher, la Révolution bilingue. Fabrice Jaumont a joué un rôle sans pareil auprès des parents, en leur faisant comprendre les avantages d'une éducation bilingue, en les aidant à s'organiser, alors qu'il était le seul à reconnaître leur immense pouvoir. La réussite de la tradition américaine d'une éducation bilingue dépend de la volonté des parents. Cependant, la volonté seule ne suffit pas et c'est pour cela que Fabrice Jaumont procure une feuille de route aux parents, pour les aider à monter et soutenir des filières bilingues qui réussissent.

Comme le démontre ce livre, la révolution menée par les parents pour l'éducation bilingue n'est pas toujours la même pour chaque communauté. Contrairement aux cursus mandatés par les autorités scolaires locales qui sont tous issus d'un même moule, ce livre permet aux diverses communautés d'adapter leur filière en fonction de leurs besoins. Bien sûr, les communautés devront toujours se conformer à certaines régulations des districts scolaires mais la façon de le mettre en œuvre varie d'une communauté à l'autre. En fait, une des choses les plus importantes à retenir du livre de Fabrice Jaumont est, qu'en dépit de la grande diversité ethnolinguistique actuelle, il est possible de développer et de perpétuer des filières d'éducation bilingue pour toutes les communautés. Les efforts des communautés arabe, chinoise, américaine, française, japonaise, italienne, allemande, polonaise, russe et espagnole illustrés dans ce livre sont différents. Leurs actions permettent de servir leurs propres intérêts mais aussi ceux des autres. Fabrice Jaumont met en avant la réussite des parents mais également leurs échecs, leurs difficultés et leur résistance face aux pressions politiques et sociales qu'ils ont subies.

Fabrice Jaumont nous fait participer à cette volte-face, redonnant aux familles et aux communautés les clés de l'éducation bilingue, tout en nous rappelant comment tout ceci a commencé au XVIIIème comme au XXème siècle. Notre expérience nous apprend que la création d'une filière bilingue « bottom up » n'est pas simple. C'est une bataille importante qui fait toujours partie de l'esprit de conquête américain et qui anime aujourd'hui toutes les communautés du pays. Ce livre est par-dessus tout un hommage au travail des parents et des communautés qui ont fait de l'éducation bilingue une réalité, malgré les obstacles et les oppositions. En mettant en avant le rôle particulièrement important des femmes dans cette révolution, des mères et des enseignantes, on nous rappelle que le futur de l'éducation de nos enfants bilingues est entre de bonnes mains, des mains qui refusent de céder leur rôle attentif et dévoué à la simple bureaucratie scolaire.

L'appel à l'action

À quoi ressemblerait le monde si chaque enfant pouvait grandir en parlant deux langues ? Si cette idée vous inspire, sachez qu'il existe un moyen d'y parvenir. Grâce à la persévérance de parents et d'éducateurs de par le monde, un nouveau mouvement en faveur des filières bilingues est en train de transformer le modèle éducatif des établissements scolaires, des communautés et des villes. Ces vingt dernières années, l'approche de l'éducation aux États-Unis est passée progressivement de la maîtrise d'une seule langue par les élèves à celle du bilinguisme, de l'enrichissement par les langues et de la préservation des patrimoines linguistique et culturel. Cette nouvelle approche encourage les communautés linguistiques à créer des filières bilingues qui cherchent à atteindre ces nouveaux objectifs. Ces filières attirent des milliers de familles qui adhèrent aux idées du multilinguisme et suscitent l'intérêt de nombreux parents qui auraient aimé, étant jeunes, avoir accès à de tels programmes dans leurs écoles.

Bien que les prémices de l'éducation bilingue aux États-Unis remontent au XVIIIème siècle, un nouveau phénomène émerge aujourd'hui avec trois objectifs. Le premier, d'épouser les cultures propres aux familles et aux communautés linguistiques, et de promouvoir leur patrimoine culturel comme une composante importante de la mosaïque qu'est la société américaine actuelle. Le deuxième, d'aider la population à se tourner à nouveau vers les écoles publiques et d'encourager un dialogue constructif entre parents et professionnels de l'éducation. Enfin le troisième, de promouvoir un environnement social, économique et culturel qui respecte chacun et contribue à combler les fossés qui nous divisent aujourd'hui.

L'éducation bilingue revêt une signification différente en fonction des individus qui en bénéficient. Certains veulent avoir accès à l'anglais et aux opportunités d'égalité que la maîtrise de cette langue apporte. D'autres veulent préserver leur patrimoine culturel et se servent de l'éducation bilingue comme un outil pour y parvenir. D'autres sont intéressés par les bienfaits du bilinguisme pour le développement cognitif. D'autres encore sont attirés par l'acquisition d'une deuxième, d'une troisième, voire d'une quatrième langue pour les opportunités professionnelles et les avantages que cela peut apporter. En fin de compte, toutes ces perspectives ont un but commun, celui de créer une société multilingue qui offre un meilleur accès aux langues et aux cultures. Un des objectifs premier de ce livre est de présenter et de rapprocher ces diverses perspectives pour aider à créer de nouvelles filières bilingues qui pourront offrir de meilleures opportunités à chaque enfant. Désormais, être bilingue n'est plus superflu ni à la portée d'une seule poignée de privilégiés. Être bilingue n'est plus tabou pour les immigrants qui souhaitent que leurs enfants s'intègrent sans difficulté à leur nouvel environnement. Être bilingue est la nouvelle norme qui doit s'appliquer à nos plus jeunes concitoyens. En offrant les bénéfices du bilinguisme à un plus grand nombre d'enfants, nous pouvons contribuer positivement au développement de nos sociétés en nous appuyant sur une approche moderne et viable. Celle-ci doit permettre aux communautés de préserver leur patrimoine linguistique, pousser les écoles à proposer une éducation bilingue et encourager les nouveaux citoyens du monde à devenir multilingues. Cette vision est renforcée par la conviction qu'une éducation bilingue de qualité, accessible à tous de la maternelle à l'université, accroît les chances de réussite de nos enfants, redynamise nos écoles et fait prospérer nos communautés. Plus important encore, l'essence même de cette Révolution bilingue positionne les parents au centre de ce changement puisqu'ils ont le pouvoir de transformer le paysage éducatif qui les entoure.

Les parents qui ont développé les récentes filières bilingues, dont certains partagent leurs témoignages dans ce livre, chérissent les avantages du bilinguisme, de la bialphabétisation et du biculturalisme. Ils souhaitent que les écoles encouragent les compétences multilingues et qu'elles facilitent l'acquisition d'une nouvelle langue le plus tôt possible, de préférence par le biais des filières d'immersion. Certains parents sont eux poussés par le désir de préserver leur patrimoine linguistique, exigeant de l'école qu'elle accorde de l'importance à l'héritage culturel de leurs enfants. Dans un contexte où les autorités scolaires rétablissent l'éducation bilingue pour servir plus d'enfants et satisfaire de nouveaux objectifs, ce livre vise à donner aux parents les moyens de changer les choses en prenant l'initiative et en établissant de nouvelles filières bilingues. Celles-ci bénéficieraient à toute société dont les citoyens seraient prêts à s'ouvrir aux autres et au monde qui les entoure, en favorisant la maîtrise de plusieurs langues et la découverte de nouvelles cultures. La Révolution bilingue raconte l'histoire d'une approche *bottom up* qui part des familles et qui pousse les parents à transformer leur école et leur communauté de façon inédite.

Par où commencer ?

Afin d'y parvenir, les parents auront besoin de bien se préparer et d'approfondir leurs connaissances sur les multiples aspects du bilinguisme, de l'éducation bilingue, de l'engagement des membres de la communauté ou encore de l'organisation des volontaires. Ils devront aussi concevoir les partenariats nécessaires à la création d'une filière bien établie et obtenir la pleine coopération des chefs d'établissements, l'engagement des enseignants et l'implication constante des autres parents. Grâce à cette approche éclairée et à cette sensibilité, les parents et les écoles hébergeant ces filières pourront profiter de la diversité de la population qu'ils servent. Ces filières exigent également une certaine diversité dans le corps professoral, ainsi que la capacité à incorporer les différences linguistiques et culturelles à leur pédagogie. Ce modèle peut avoir un grand impact sur nos communautés et nos enfants, par les progrès cognitifs qu'il engendre et ses bienfaits sur le cerveau. Les chapitres suivants aborderont plus en détail ces concepts et découvertes importantes, tout en exposant aux parents la marche à suivre pour créer plus de filières bilingues de ce genre. Conçu comme un livre pratique et accessible qui accompagnera parents et éducateurs tout au long de leur projet, la Révolution bilingue raconte d'abord l'histoire d'un mouvement né à Brooklyn, à travers les yeux de ceux qui ont réussi à mettre en place des filières bilingues dans leurs écoles. Ces parents sont convaincus, tout comme moi, que l'éducation bilingue est un bien universel qui devrait être offert partout, puisqu'il peut transformer positivement un enfant, une école, un pays.

La feuille de route présentée apporte au lecteur les informations et les outils nécessaires à la mise en place d'une filière bilingue efficace, en particulier grâce aux retours d'expérience recueillis tout au long de ce livre. Cette feuille de route a été conçue à la fois par des parents et des éducateurs afin que d'autres, comme eux, puissent développer leurs propres initiatives bilingues de par le monde. C'est dans cet esprit que le livre cherche à capturer l'énergie et la vision des parents et des éducateurs de New York qui ont su voir l'importance qu'une éducation bilingue peut avoir dans une époque toujours plus mondialisée. La motivation et l'esprit collaboratif de ces parents sont aujourd'hui le moteur de la Révolution bilingue, permettant d'ouvrir de nouvelles filières dans de nombreuses communautés aux États-Unis et dans le monde. Si New York sert de toile de fond à ce livre, je n'en suis pas moins persuadé que cette feuille de route peut s'appliquer au-delà des grands centres urbains et prospérer n'importe où.

Une *success story* qui inspire

Alors que la moitié de sa population parle une langue autre que l'anglais à la maison, la ville de New York est un microcosme du monde et offre donc la toile de fond idéale pour ce livre. New York est le point d'ancrage de l'éducation bilingue. Avec plus de 100 000 enfants dans 200 filières bilingues, la ville doit également servir une population d'élèves spécifique aux besoins linguistiques variés. L'éducation bilingue est donc, au moment de la publication de ce livre, déjà proposée dans plusieurs langues (en espagnol, mandarin, français, arabe, allemand, créole, italien, japonais, russe, bengali, polonais, ourdou, coréen et hébreu). Les histoires et les récits personnels de ces filières seront présentés dans ce livre. La Chancelière Carmen Fariña, fervente partisane de l'éducation bilingue, est actuellement à la tête du Département de l'éducation de la ville de New York et encourage l'expansion des filières bilingues dans la ville.[1]

En instaurant des filières bilingues dans les écoles publiques, la ville de New York s'efforce de proposer une éducation bilingue de qualité à des enfants de milieux socio-économiques et ethniques divers. Les filières bilingues existent depuis plus de vingt ans et remplacent petit à petit les modèles traditionnels d'éducation bilingue, dont l'objectif principal était jusqu'alors d'apprendre l'anglais aux immigrants.

Les anciennes filières bilingues étaient généralement proposées dans un format transitionnel, conçu pour aider les élèves ne parlant pas anglais à maîtriser la langue tout en continuant à assimiler du contenu dans leur langue maternelle, adapté à leur âge et à leur classe. Cette approche avait pour objectif de faciliter la transition de l'élève vers l'anglais et un programme d'éducation plus générale mais en réalité elle ne facilitait pas le développement, ni le maintien, de la langue maternelle des élèves. Certains finissent même par devenir monolingues en anglais. Un bon nombre de districts scolaires aux États-Unis sont tenus par la loi de créer une filière bilingue si un minimum de vingt élèves aux capacités anglophones limitées sont inscrits dans une même classe, assignés au même établissement, et dont la langue maternelle est commune.[2] À New York, quand quinze élèves parlent la même langue et sont dans la même classe ou dans des classes contiguës, une classe bilingue doit alors être mise en place.

Au-delà de New York

Des filières similaires ont été développées dans des centaines de villes des États-Unis et dans le monde. La Révolution bilingue est une histoire de réussites et de revers racontée à travers les yeux de parents et d'éducateurs. Par leur diversité, ces portraits illustrent une stratégie actuelle et durable qui cherche à préserver notre héritage linguistique et éduquer une nouvelle génération de citoyens du monde bilingues, bilettrés et biculturels.

Adultes aussi bien qu'enfants font partie intégrante de ce mouvement visant à préserver les liens linguistiques, culturels et historiques de leur communauté ethnolinguistique. La vague des filières bilingues a submergé les écoles des grandes villes comme des petites, se propageant lentement au pays tout entier. En 2013, trente-neuf États et le District de Columbia rapportaient avoir mis en place une ou plusieurs filières bilingues.[3] Il est prévu que ce chiffre soit multiplié de façon exponentielle dans les années à venir car, en vérité, l'éducation bilingue a un énorme potentiel. Pourquoi ? Parce que nos enfants font partie d'un monde à portée de main où les langues permettent de mieux comprendre les autres par-delà les frontières et de se comprendre soi-même. Nos enfants doivent pouvoir tisser des liens avec leur famille et leurs amis mais aussi avec leur culture, leur histoire et celles des autres. Cette manière d'apprendre a le potentiel d'engendrer plus de respect et de tolérance envers les autres. C'est ainsi qu'on arrive à poser les premières pierres d'un monde plus paisible.

Nous devons accepter et encourager le bilinguisme qui se développe à la maison mais son développement n'est possible que si les écoles publiques nous permettent de maintenir nos langues. Des enfants d'immigrants, qui grandissent dans un environnement où la langue de leurs parents est appréciée et valorisée, apprendront la langue dominante plus rapidement comme l'ont prouvé plusieurs études présentées dans les chapitres suivants. L'éducation dans deux langues aide considérablement. Aujourd'hui, de plus en plus d'enfants profitent de ces filières bilingues à plein temps au sein des écoles publiques. Ils termineront leur scolarité en étant parfaitement bilingues, bilettrés et biculturels. Comme le confirment les exemples exposés dans ce livre, de nombreuses communautés linguistiques ont rejoint la Révolution bilingue.

Quelques mots d'avertissement

Avant de passer à l'idée centrale de cet ouvrage, il est important de rappeler que ce livre ne prétend pas aborder tous les problèmes qui entourent et parfois gangrènent l'éducation bilingue, en particulier dans le contexte de l'éducation publique aux États-Unis. Les questions d'ethnie, de pauvreté, de ségrégation, de milieu social et de gentrification ont pesé et pèsent toujours sur le développement des filières bilingues et sur l'éducation publique de ce pays. Nous devons veiller à ce que ces cursus ne soient pas réservés aux privilégiés et nous devons continuer à travailler de façon solidaire avec les communautés minoritaires qui ont le plus à gagner de ces filières mais aussi le plus à perdre si leur quartier venait à se gentrifier. Ces problèmes doivent être examinés sérieusement et bien plus en détail que ne le permet le cadre limité de ce livre. Les points de vue de nombreux spécialistes distingués et études reconnues sont abordés tout au long de ce livre et dans sa bibliographie. Par ce biais, les lecteurs pourront approfondir ces sujets et le champ de l'éducation bilingue en général.

Alors que les chercheurs sont de plus en plus convaincus des bienfaits du bilinguisme et du biculturalisme (en particulier les effets du bilinguisme sur le développement cognitif, l'analyse critique et l'ouverture aux autres et aux cultures), la Révolution bilingue cherche à inspirer et à impliquer tous les parents. Plus que de simples défenseurs de l'éducation bilingue, ils deviennent alors des « révolutionnaires » bilingues prêts à s'impliquer pour améliorer leurs sociétés et à revaloriser les écoles publiques de leurs quartiers. Ils promeuvent en même temps une action participative au sein de leur communauté (qu'elle soit linguistique, économique ou culturelle), action qui permet de mieux comprendre et respecter les minorités ou les individus qui la composent. Là est la voie qui permettra de briser le cercle vicieux où l'accessibilité à une bonne éducation est souvent synonyme d'un meilleur niveau de vie. La voix des révolutionnaires, anciens et nouveaux, est entendue dans ce livre, alors que leurs récits s'entrelacent autour du thème central de la Révolution bilingue, celui d'œuvrer à un meilleur avenir pour nos enfants et notre monde.

CHAPITRE 1

La détermination des parents : *Yes, you can !*

Les nouvelles filières bilingues du monde entier doivent leur réussite à la détermination et à la volonté des parents. Pour la grande majorité des écoles américaines, les filières ont été créées parce que des familles les ont réclamées et qu'elles ont réussi à convaincre la direction de l'école des avantages de ce genre d'éducation. Ces parents sont de fervents défenseurs de l'éducation bilingue, soutenant l'implantation de ces filières par le biais de contributions financières, de levées de fonds ou de bénévolat. Ce n'est pas qu'un phénomène américain. Il existe bien d'autres exemples internationaux de projets menés par des parents intéressés par l'éducation bilingue pour apprendre une nouvelle langue ou préserver un patrimoine culturel, comme le montrent les chapitres à venir. Tous ces mouvements sont liés par le même désir et le même engagement des parents à donner à leurs enfants les atouts nécessaires à leur réussite, dans un univers mondialisé et interconnecté.

Connaître l'étendue de ses pouvoirs

Historiquement, les États-Unis doivent la création et la mise en place de filières d'éducation bilingue au travail dévoué des militants des droits civiques dont plusieurs étaient eux-mêmes des parents voulant s'assurer que leurs enfants aient l'opportunité d'apprendre dans leur langue maternelle, aussi bien à l'école qu'en société. Ces personnes se sont battues dans les années 1970 et 1980 pour gagner des procès en faveur des immigrants récemment arrivés et qui n'avaient presqu'aucune notion d'anglais.[4] Ces parents ont su défendre le droit de leurs enfants à une éducation bilingue, en soulignant les inconvénients d'une éducation monolingue pour un enfant pour qui l'anglais n'est pas la première langue et en exigeant un enseignement dans leur langue maternelle, en plus de l'anglais. Grâce à l'œuvre de ces pionniers, les parents aux États-Unis sont désormais en droit de choisir le programme d'enseignement linguistique qu'ils préfèrent si suffisamment de parents souhaitent la même chose.

Le nombre de récits de parents qui, à travers le monde, ont réussi à user de leur influence pour pousser à la création de filières bilingues, est absolument remarquable. En France, l'éducation bilingue est strictement réglementée par l'État. Les premiers programmes bilingues ne firent leur apparition qu'au début des années 2000, quand des parents montèrent des associations qui cherchaient à promouvoir l'éducation bilingue dans les écoles privées et, finalement, publiques.[5] En Irlande, même si l'État était en faveur de l'enseignement du gaélique comme deuxième langue, ce sont les parents qui luttèrent pour l'ouverture de filières bilingues en gaélique et en anglais dans le pays, et non pas seulement dans la région du Gaeltacht où le gaélique est toujours parlé au quotidien.[6] Au Canada, une association de parents appelée « Canadian Parents for French » est devenue une force incontournable derrière la croissance des filières bilingues dans le pays. Cette dernière organise des campagnes pour militer en faveur de la langue française et publie des rapports sur des sujets aussi variés que l'accès égalitaire aux programmes d'immersion, les services pour élèves bilingues aux besoins spécifiques et les débouchés professionnels pour les personnes bilingues.[7]

Si les parents sont bien organisés et restent déterminés même devant l'adversité, ils peuvent devenir une force sur laquelle on peut compter dans l'éducation publique ; ils sont capables de donner accès aux filières bilingues à chaque enfant, qu'importe son milieu ethnique ou socio-économique. Cependant, les parents ne sont évidemment pas les seuls acteurs impliqués dans les affaires éducatives. Ils doivent donc souvent collaborer avec d'autres interlocuteurs à l'école et dans leur communauté afin de lancer avec succès une filière bilingue. Il est parfois difficile de recueillir le soutien de directeurs, d'enseignants et d'administrateurs qui ne parlent souvent qu'une seule langue et ne connaissent pas toujours l'éducation bilingue. Pour être honnête, il revient souvent aux parents eux-mêmes de convaincre l'équipe administrative et pédagogique des mérites de ces filières. À ce sujet, l'ancienne directrice d'une école de New York, qui compte à la fois une filière bilingue espagnole et française, raconte :

> Je dis toujours que les parents ont plus de pouvoir que les autres. Ils

> doivent signer des pétitions, écrire des lettres, se plaindre, parce que ce sont eux qui feront changer les choses, bien plus que moi ou n'importe quelle autre directrice, malgré notre volonté d'aider. Ce sont les parents qui ont vraiment le pouvoir. Cela ne veut pas dire que cela fonctionne toujours. Cela signifie qu'ils sont capables d'attirer l'attention de ceux qui prennent les décisions.[8]

Comme le remarque de façon très judicieuse cette directrice, les parents ont en effet une voix qui peut se faire entendre auprès des écoles publiques et attirer l'attention de ceux qui prennent les décisions qui comptent. Leur pouvoir ne doit pas être sous-estimé.

Ce pouvoir est souvent entravé par les autorités scolaires, pas toujours à la hauteur lorsqu'il est question d'aider à l'organisation de réunions communautaires ou d'ateliers qui permettraient aux parents d'échanger sur des programmes spécifiques ou sur des initiatives que l'école pourrait prendre. Ce genre de réunions peut pourtant s'avérer très efficace pour calmer l'inquiétude qu'administrateurs et enseignants auraient à l'égard des initiatives menées par les parents et pour stimuler l'engagement et le moral des troupes. L'enthousiasme, l'énergie et la volonté qu'apportent les parents peuvent être contagieux. Les réunions qui réduisent l'écart entre parents et éducateurs peuvent aider à surmonter les divers obstacles auxquels ils seront confrontés tout au long de la mise en place de la filière bilingue (en entendant le témoignage d'autres parents ayant réussi à implanter une filière de la sorte ou en s'accordant sur une stratégie commune ou un plan d'action). Cependant, en l'absence de telles opportunités ou de compréhension de l'administration scolaire, les parents sont parfois obligés de trouver des voies alternatives, peut-être même plus agressives, pour parvenir à leurs fins. Bien que la plainte doive toujours être utilisée en dernier recours, c'est parfois l'unique moyen d'engager un dialogue avec les autorités scolaires qui n'ont peut-être pas les bonnes méthodes pour écouter et prendre en compte la participation des parents. Ils doivent connaître leur pouvoir de négociation et leurs droits mais toujours commencer par essayer de forger une relation productive et coopérative avec les autres acteurs de leur communauté éducative.

Il est aussi important que les parents aient conscience que tout grand changement est naturellement accompagné d'une part de résistance par ceux qui ne sont pas impliqués. Il est essentiel d'apprendre à connaître l'ensemble de la communauté scolaire. À New York, par exemple, beaucoup de parents qui cherchent à instaurer une filière bilingue ciblent des écoles de leur district qui profiteraient de l'augmentation des inscriptions ou qui accueilleraient volontiers de nouvelles sources de financement. Ces groupes de parents peuvent être perçus comme des rivaux qui imposent leur volonté à une population scolaire établie. Ils doivent faire bien attention à ne pas déclencher de conflit avec les parents déjà présents à l'école et être particulièrement attentifs à bien s'intégrer à la communauté scolaire dans son ensemble, au-delà de la filière bilingue. Les bienfaits de l'introduction d'une nouvelle communauté culturelle au sein de l'école doivent impérativement être ressentis par tous les élèves. Cet objectif peut être atteint en offrant à chacun des opportunités comme des programmes périscolaires, des ressources pédagogiques ou des sorties scolaires.

Cultiver la communauté

Des parents de milieux et d'origines variés peuvent devenir les architectes de l'éducation bilingue et en faire profiter leur propre communauté linguistique. À New York, la plupart des familles souhaitant créer une filière bilingue près de chez elles sont motivées par l'envie de préserver leur patrimoine linguistique ; démarche qui va bien au-delà de la simple envie de développer les capacités anglophones de leurs enfants. Les communautés linguistiques peuvent renforcer les liens du langage qui les unissent en renforçant la durabilité des filières bilingues par un soutien actif. Développer ou maintenir une langue chez soi ne suffit pas. La consolidation des bases orales et écrites à l'école est indispensable. La perte de la langue et l'assimilation à la société américaine surviennent rapidement, en particulier chez les enfants. Les filières bilingues en sont le remède idéal, puisqu'elles procurent un enseignement quotidien à la fois en anglais et dans la langue cible permettant aux enfants de progresser dans les deux langues dans un contexte académique. Il revient donc aux parents de s'assurer que leurs enfants reçoivent ce genre d'éducation. C'est tout à fait leur droit ; un droit qui mérite qu'on se batte pour lui.

Pour les familles ayant une langue en héritage, les avantages à soutenir le développement académique de leur langue natale sont évidents et prouvés. Par exemple, si les membres plus âgés de la famille comme les grands-parents parlent une langue d'héritage, la filière bilingue offre alors aux enfants l'opportunité de développer avec eux un lien qui transcende l'écart générationnel et linguistique. Les mêmes bénéfices sont encore plus importants pour les parents qui ne parlent pas anglais ; une filière bilingue permet aux enfants d'établir des liens plus forts avec eux puisqu'ils peuvent maintenant échanger dans leur langue maternelle, de façon fluide et facile. Le phénomène problématique de perte de la langue est bien trop courant aux États-Unis. Certains parents immigrants préfèrent ne pas parler à leurs enfants dans leur langue maternelle, de peur de les empêcher d'apprendre l'anglais et de les rendre sujets à la discrimination. Certaines familles préfèrent donc parler un mauvais anglais à leurs enfants plutôt que de leur parler parfaitement dans leur langue maternelle. En réalité, cette façon de faire ne fait qu'entraver le développement des capacités linguistiques de l'enfant. Les filières bilingues cherchent à contrer ces pratiques néfastes en proposant une éducation enrichissante aussi bien en anglais que dans la langue d'héritage des élèves dans un contexte académique puisque la maîtrise d'une langue facilite la maîtrise de l'autre.

Les filières bilingues ont cette capacité unique de cultiver les relations entre divers groupes de personnes au sein d'une même collectivité, comblant le fossé identitaire qui affaiblit nos sociétés. Alors que les enfants de milieux linguistiques, culturels et socio-économiques variés interagissent chaque jour en classe, les familles développent des amitiés et des relations qui surmontent ces fossés d'apparence infranchissables. Les filières bilingues profitent à tous grâce à l'aide de parents motivés, prêts à soutenir l'école en s'appuyant sur leurs capacités à lever des fonds et monter des activités extra-scolaires. Les communautés scolaires qui accueillent ces filières deviennent souvent plus attractives grâce à leur programme très convoité qui profite à l'économie locale et à la qualité de vie du quartier.

Pour nombre de directeurs, la filière bilingue est un moyen de laisser son empreinte sur l'école en faisant du bilinguisme un atout spécifique. La filière permet souvent de sauver une école en difficulté, d'améliorer ses résultats en mathématiques ou en langues, et de donner une nouvelle identité à une école dont le potentiel ne serait pas pleinement utilisé.[9] Une directrice décrit sa filière bilingue de cette façon :

> On a ouvert la filière bilingue française de P.S. 133 de façon très naturelle. En 2009, un groupe de parents francophones m'a contactée pour que j'envisage l'ouverture d'une filière bilingue en français. Mon directeur adjoint, mon conseiller et moi-même avons visité une école du quartier qui avait une filière similaire, et nous avons décidé que ce serait un ajout merveilleux à notre école. En 2010, j'ai embauché un enseignant bilingue et ouvert une classe

> bilingue indépendante. Disons simplement qu'elle a rencontré un grand succès. L'année d'après, on a ouvert deux classes de maternelle et une classe de CP et depuis on ajoute deux classes chaque année. L'éducation bilingue est une caractéristique déterminante de notre école, où les élèves sont issus de nombreux milieux linguistiques. La réussite de la filière française a encouragé les parents hispaniques à faire de même. Cinq ans plus tard, je ne pourrais m'imaginer une seule seconde parcourir les couloirs de mon école sans entendre du français ou de l'espagnol.[10]

Ici, en plus de réussir à convaincre la directrice de créer une filière en français, les parents ont également joué un rôle majeur dans la décision de l'école d'offrir une filière bilingue en espagnol. Les efforts des parents ont permis de transformer efficacement une école monolingue en un modèle d'éducation bilingue.

Construire la réussite

Les parents ont un immense rôle à jouer dans le soutien à leur filière bilingue une fois établie. Ils peuvent servir d'ambassadeurs de leur langue et de leur culture dans la communauté scolaire, en organisant des évènements culturels, des activités extra-scolaires ou des cours. Il faut montrer que chaque enfant de l'école est exposé à quelque chose de précieux, que ce n'est pas un privilège réservé aux seuls élèves de la filière bilingue. Les parents peuvent apporter une aide qui sera bienvenue en classe et en dehors de l'école, en lisant des livres à voix haute, en aidant à organiser le matériel scolaire, en préparant un plat traditionnel à la classe, en apportant un soutien aux enfants qui n'ont pas d'aide linguistique chez eux pour les devoirs, et bien d'autres idées encore. Tout comme dans les classes monolingues, les parents peuvent également se porter volontaires pour accompagner les sorties scolaires ou pour enrichir les activités extra-scolaires par d'autres langues. Marie Bouteillon est une ancienne enseignante bilingue de l'école P.S. 58 The Carroll School à New York. Elle est aujourd'hui consultante reconnue pour les écoles bilingues et raconte un exemple de l'aide apportée par les parents :

> À l'époque où j'enseignais, le français était une langue minoritaire, ce qui rendait les choses plus difficiles. Quand on faisait des sorties et que tout était en anglais, avoir des accompagnateurs

> francophones faisait vraiment la différence. Les mettre au contact de mes élèves dont la langue dominante était l'anglais était fabuleux. Cela leur ouvrait l'esprit à des choses totalement différentes tout en leur permettant de parler français dans un cadre social et non pas académique. C'était vraiment bien.[11]

L'aide que peuvent fournir les parents aux filières bilingues n'a pas de limite, et leur engagement peut permettre de s'assurer que la filière opère sans problème et atteigne un niveau de réussite élevé.

En plus du travail grandement apprécié que fournissent les parents, il est important de ne pas ajouter aux tensions et au stress qu'accompagnent déjà la création d'une filière bilingue, en particulier à ses débuts. Les parents doivent être capables de reconnaître le travail et les capacités des enseignants et des directeurs sans tirer de conclusions hâtives, basées sur une opinion personnelle de ce que devrait être l'éducation bilingue. Une filière bilingue ne se construit pas en un jour ; les parents doivent comprendre que le travail des éducateurs est extrêmement contraignant et être sensibles aux efforts fournis à la construction de la filière. Les parents ne devraient pas juger les méthodes des enseignants qui cherchent simplement à gérer les approches éducatives et les langues d'au moins deux cultures. Ce n'est pas chose aisée. La meilleure interaction que puisse avoir un parent avec la classe passe par le soutien aux enseignants et à l'école. Il est crucial de les encourager et leur offrir de l'aide lorsque nécessaire.

Les enseignants apprécient énormément d'avoir un retour quant aux difficultés auxquelles pourraient être confrontés les parents, puisqu'il est presque impossible d'anticiper tous les défis qui se présenteront au cours de cette aventure. Au lieu d'avoir une réponse immédiatement accusatrice, les parents doivent laisser aux enseignants la chance d'expliquer les raisons derrière leurs choix. Bien sûr, il est tout à fait normal de poser des questions et de demander des clarifications. Cependant, placer les enseignants et les administrateurs dans une situation de défense après des mois, si ce n'est des années de préparation d'un programme ne permettra pas d'obtenir des résultats positifs. Parents et éducateurs doivent interagir de façon prévenante et bienveillante. Monter une filière bilingue nécessite des personnes véritablement exceptionnelles qui font passer la réussite de leur classe avant tout.

Une fois que la filière a su prendre son élan, arrive alors un moment où les parents, en particulier les parents fondateurs, doivent lâcher prise et laisser l'école prendre le relais. Il sera peut-être difficile pour certains d'abandonner le contrôle qu'ils ont pu avoir pendant la mise en place de la filière. C'est le bon moment pour que les parents réfléchissent aux rôles qu'ils peuvent désormais jouer, autre que la supervision du programme ou son implantation, tâche qui revient désormais aux enseignants. Les parents peuvent par exemple identifier des opportunités manquées de pratiquer la langue cible dans la communauté scolaire. Ils peuvent y remédier en invitant des artistes ou des auteurs, en tenant un stand culturel pendant la kermesse ou en organisant des visites d'entreprises, de centres culturels ou de musées où la langue est parlée. Les parents peuvent s'impliquer davantage dans l'animation de la bibliothèque de l'école, en donnant des livres, en gérant l'inventaire, l'entretien, les emprunts, les retours et les sélections. Mêmes les petites actions peuvent aider considérablement l'école, comme placarder des affiches plurilingues dans les couloirs ou tenir des ateliers à l'heure du déjeuner ou après les cours. Des activités d'été peuvent être organisées pour que les élèves n'oublient pas tout ce qu'ils ont appris durant l'année : les activités sportives, de théâtre ou d'art plastique, pour n'en nommer que quelques-unes, peuvent toutes être organisées dans la langue cible du programme. Ce sont justement ces activités qui permettent de rendre l'apprentissage de la langue amusant et captivant aux yeux des élèves.

Enfin, une autre façon d'aider la filière et l'école tout entière passe par la collecte de fonds. Même s'il est évidemment essentiel de lever des fonds, la philanthropie n'est pas toujours une pratique courante dans certaines communautés linguistiques. Cela ne signifie pas que certaines communautés ne sont pas généreuses ou prêtes à donner mais qu'elles peuvent simplement avoir une compréhension différente de ce qui est charitable ou acceptable. Il faut donc être capable de bien comprendre les pratiques de chaque communauté avant de chercher à motiver et inciter des parents à participer aux activités de levées de fonds. Certains peuvent donner sans problème un chèque ou de l'argent liquide pour aider une initiative ou l'école dans son ensemble. D'autres peuvent aider en utilisant leur réseau ou leur entreprise. D'autres encore préfèreront donner de leur temps pour chercher des moyens d'obtenir d'autres sources de financement.

L'outil le plus efficace à la levée de fonds, utilisé de façon récurrente par les créateurs de filières bilingues, est la création d'une association à but non lucratif en tant qu'entité légale propre. Elle autorise la levée de fonds en dehors des murs de l'école.[12] C'est particulièrement efficace lorsqu'une école n'est pas autorisée à participer à certaines collectes ou qu'elle ne veut pas être redevable au district pour les activités d'un groupe de soutien non scolaire. Les parents peuvent faire don de l'argent récolté grâce à l'association pour permettre à l'école d'acheter de nouveaux livres, de financer des sorties ou même d'envoyer des enseignants à des conférences. Cette action collective a pu permettre à certains parents de constater qu'ils avaient réellement un impact et qu'ils apportaient une contribution dont ils pouvaient récolter les fruits.[13]

Certains parents vont bien au-delà de leur sens du devoir et décident de devenir eux-mêmes enseignants dans ces filières. À New York, beaucoup d'entre eux retournent à l'université pour obtenir un master en éducation et devenir enseignant de filière bilingue, tant le domaine les passionne. Ils sont prêts à y consacrer leur vie. Ce genre d'engagement personnel permet d'assurer la pérennité du programme et de souligner la dévotion sans faille aux filières bilingues qu'on trouve chez beaucoup de parents. Ces derniers sont le vent qui souffle derrière les voiles de chaque filière, de sa fondation à son implantation et à sa pérennité. Partout dans le monde, les parents découvrent qu'ils peuvent influencer leur école et apporter le changement sous la forme de filières bilingues souvent bénéfiques pour tous les enfants. Si chaque parent apprend à exploiter ce pouvoir d'influence, qui sait jusqu'où peut aller la Révolution bilingue ?

CHAPITRE 2

Changer le paysage : la première filière bilingue japonaise de Brooklyn

Inspirées par plusieurs filières bilingues de New York et de Los Angeles, cinq mères de Brooklyn se rendirent compte qu'elles voulaient la même chose pour leurs enfants. Puisque rien de tel n'existait dans les écoles publiques environnantes, elles relevèrent le défi de créer de toutes pièces une filière bilingue japonais-anglais, la première de New York. Ces cinq mères étaient la Japonaise Yumi Miki, la Suisse-Japonaise Monica Muller, l'Américano-Coréenne Hee Jin Kan, l'Américo-Taïwanaise Yuli Fisher, et la Sino-Américaine Lanny Cheuk. Yumi et Monica étaient les deux seules du groupe à parler couramment japonais. Les trois autres n'avaient peu ou pas de connaissance en japonais, et aucun lien particulier avec le Japon ou sa communauté. Elles s'étaient rencontrées à travers une association d'activités d'été Summer Hui, succursale d'un réseau en ligne bien connu des parents new yorkais, Brooklyn Baby Hui. Grâce à cette association, les cinq mères organisaient des après-midi de jeu pour leurs bébés et se retrouvaient souvent dans les parcs du voisinage. Elles avaient entendu parler d'une filière bilingue français-anglais qui avait ouvert dans une école publique proche et qui rencontrait beaucoup de succès, et commencèrent à imaginer à quoi ressemblerait une filière similaire en japonais. En partant de ces conversations informelles d'un été au parc, le groupe commença à s'organiser petit à petit et à mettre sur pied un plan qui ferait de leur rêve une réalité.

Par chance, elles partageaient toutes la même vision de l'éducation plurilingue. Elles étaient convaincues de l'importance d'une exposition précoce à d'autres langues, et comprenaient les potentiels bienfaits académiques d'une filière bilingue. Plus important encore, elles avaient ce même désir de transformer le paysage éducatif et comme l'une d'entre elles l'a si joliment décrit :

> Nous avions l'impression que cela serait plus facile de créer notre propre filière pour valoriser une autre école du district. C'est bien parce que la disparité entre les bonnes et les mauvaises écoles est trop importante que le processus d'inscription en maternelle est si stressant pour les parents de New York. On voyait la filière bilingue comme une façon d'améliorer l'école et la communauté, en offrant une meilleure éducation qui servirait plus d'enfants, tout en apportant à nos enfants l'enseignement bilingue que nous voulions. On voulait changer les côtés néfastes de la politique du *Core Curriculum*, de la loi du *No Child Left Behind*, de tous les examens d'aptitude qu'on nous impose et la façon dont ils sont utilisés pour évaluer les enseignants et les écoles. Que puis-je faire en tant qu'individu pour améliorer tout cela et fournir à mon enfant une éducation plus appropriée ?[14]

Cet objectif en tête, le groupe se mit à contacter les personnes qui avaient créé des filières semblables dans la ville, moi y compris. Ils travaillèrent sans relâche, en équipe, et suivirent une feuille de route adaptée (une version condensée de celle-ci est présentée à la fin de ce livre) pour subvenir aux besoins de leur projet. Cette expérience leur permit de comprendre qu'ils étaient des pionniers et que, pour arriver à leurs fins, ils devraient réussir à convaincre la communauté japonaise, les chefs d'établissements et une communauté scolaire entière du mérite de leur entreprise.

Le modèle est trouvé

Ce nouveau groupe fraîchement formé de la filière bilingue japonaise commença par étudier les cursus déjà existants et à chercher un modèle adapté. Elles trouvèrent rapidement deux écoles publiques à Glendale en Californie, près de Los Angeles qui proposaient une filière bilingue japonaise à double sens depuis 2010.[15] La filière de Glendale avait été initiée par plusieurs parents qui avaient récolté suffisamment de signatures pour se présenter devant le district scolaire et réclamer un cursus bilingue. Après en avoir reçu l'autorisation, la filière put être inaugurée avec une classe de CP et deux classes de maternelle. À Glendale, la moitié de la journée est enseignée en japonais et l'autre moitié en anglais. Près de 40% de la population de l'école est bilingue en japonais quand elle intègre ce cursus. Certains élèves ont des parents japonais, d'autres sont américano-japonais, d'autres encore n'ont absolument aucun lien avec le Japon si ce n'est l'intérêt que leurs parents portent à cette culture et à ce pays. Quand de futurs parents viennent visiter l'école, les administrateurs doivent s'assurer qu'ils soient réellement intéressés par le japonais car ils devront s'engager pour sept ans, de la maternelle à la Sixième. En effet, il est très difficile pour l'école de remplacer un élève qui quitte soudainement la filière après un ou deux ans. Cela est dû en grande partie au fait que les enfants qui viennent prendre cette place plus tard doivent déjà avoir une bonne maîtrise des deux langues afin de pouvoir garder le même rythme que leurs camarades qui suivent la filière bilingue depuis le début de leur scolarité.

La filière bilingue japonaise de Glendale enseigne aux élèves à lire et écrire en japonais dès la première année, en utilisant les caractères hiragana en maternelle, puis en ajoutant les caractères chinois et katakana en CP. Bien que le rythme soit soutenu, la filière laisse aussi du temps pour des activités ludiques et l'utilisation des nouvelles technologies. Plus important encore, les élèves de cette filière ont obtenu de très bons résultats académiques. L'école observa qu'après cinq ans au sein de la filière, les élèves bilingues avaient de meilleurs résultats que ceux des filières monolingues en anglais.[16]

L'équipe enseignante de l'école est composée de natifs du Japon, de quelques Américano-Japonais et d'une enseignante ayant travaillé au Japon et dont le mari est japonais. Les deux langues sont enseignées côte à côte. Du côté de l'anglais, des enseignants monolingues font cours toute la journée en anglais à deux groupes alternés d'élèves. Les élèves ont ensuite cours en japonais pendant l'autre moitié de la journée. Les enseignants anglophones n'ont pas besoin de comprendre le japonais, ce qui oblige les enfants à leur parler uniquement en anglais, de même que pour les enseignants faisant cours en japonais. Un autre avantage du modèle côte à côte est qu'il réduit le nombre d'enseignants japonophones nécessaires au cursus. Cela permet de mieux gérer la tâche difficile qu'est la recherche d'enseignants qualifiés qui, en plus de parler japonais, doivent avoir les qualifications nécessaires pour enseigner en Californie, en plus d'un permis pour pouvoir travailler légalement aux États-Unis. Par ailleurs, l'école a également engagé quelques conseillers et professeurs d'université pour assister les débuts de la filière. Tout cela avait été pris en considération par la direction de l'école avec l'aide des parents. Ensemble, ils formaient une équipe solide.

La formation d'une filière à Brooklyn

A Brooklyn, nos cinq mères utilisèrent les précieuses informations de Glendale pour étayer leur argumentaire en faveur d'une filière et élaborer leur stratégie. Elles s'intéressèrent également à la communauté japonaise de New York pour tenter de mieux comprendre quels parents pourraient être intéressés par la filière. Yumi et Monica devinrent les intermédiaires du groupe avec la communauté japonaise. Très vite, elles purent tirer profit des connexions établies avec les japonophones locaux pour atteindre un grand nombre de familles intéressées par la filière. Une étape clé, puisque le recensement d'un nombre critique de parents et d'élèves potentiels est un des moyens les plus efficaces de convaincre les proviseurs du besoin d'une filière bilingue.

Tableaux en main, Yumi et Monica frappèrent à la porte de chaque association de la communauté japonaise pour faire connaître leur projet de création d'une filière bilingue en japonais. Elles visitèrent la Brooklyn Japanese American Family Association, une association à but non lucratif qui parraine des activités culturelles japonaises et propose des cours périscolaires, et Aozora Gakuen, une école progressive qui dispose d'un programme hybride à destination des familles japonaises qui prévoient de rester aux États-Unis. Le petit groupe s'est également adressé au Consulat du Japon à New York et à la Japan Society, une association dont la mission est essentiellement culturelle et éducative.[17]

Divers publics

Le petit groupe de la filière bilingue japonaise se rendit compte qu'il existait déjà plusieurs cursus japonais mais presque toujours destinés aux enfants d'hommes et de femmes d'affaires japonais expatriés, travaillant à New York pendant quelques années avant de retourner au Japon. Ces écoles sont organisées comme celles du Japon afin que les enfants de familles expatriées puissent préserver leur langue et soient prêts à réintégrer le système éducatif japonais à leur retour. Puisque ce système est déjà en place, un bon nombre d'expatriés ne sont pas nécessairement intéressés par une filière bilingue dans une école publique et ce pour diverses raisons (en particulier, ces filières ne satisfont pas les prérequis des écoles japonaises, très différents de ceux des États-Unis, ou même les propres attentes des parents en ce qui concerne l'éducation de leurs enfants).

Le groupe commença donc à se tourner vers des parents prêts à rester de façon permanente aux États-Unis et qui trouvaient important que leurs enfants développent de bonnes compétences en anglais. Il contacta aussi les familles mixtes, dont celles avec un parent japonais et un parent américain. Ces dernières souhaitaient surtout que leurs enfants entretiennent des liens linguistique et culturel avec leurs deux pays.[18] Pouvoir maintenir une langue tout en renforçant une autre langue, par le biais d'une filière bilingue, intéressait particulièrement les parents japonais.

Le groupe de la filière bilingue japonaise réussit rapidement à attirer l'attention de ces familles, en grande partie grâce au fait que le japonais serait dispensé aussi bien à une classe d'élèves au patrimoine japonais qu'à des élèves pour qui la langue serait totalement nouvelle. L'idée que les enfants de cette filière soient capables de conserver une langue tout en apprenant une autre intéressait beaucoup les parents japonais. Mener l'enquête auprès de la communauté permit également de mettre en lumière certaines réserves et appréhensions des parents à l'égard des écoles publiques, de la qualité de l'éducation publique new yorkaise dans son ensemble et de la qualité de la nourriture servie pour le déjeuner ou même de la peur que les élèves de la filière bilingue développent un accent en anglais ou en japonais. C'est lors de cette phase de recherche initiale que le groupe s'aperçut que les écoles privées craignaient de se faire ravir leurs enseignants par la nouvelle filière bilingue.[19]

Le groupe se rendit compte que, si les parents ne comptaient pas retourner dans leur pays d'origine dans un futur proche, ils avaient alors tendance à rechercher une école de bonne qualité, dont les chiffres témoigneraient de l'excellence académique, école qui pourrait selon eux préparer l'avenir de leurs enfants de la meilleure façon possible. Si l'une de ces écoles proposait en plus une filière bilingue, alors ces parents seraient souvent disposés à y inscrire leurs enfants. Certains parents se montrèrent sceptiques sur ce projet, partageant leur inquiètude quant au fait qu'il soit hébergé par une école publique et qu'ils n'avaient aucun moyen de s'assurer de ses bons résultats. Cela permit aux membres du groupe de comprendre qu'ils devraient fournir un effort supplémentaire pour convaincre les parents plus hésitants.

Par ailleurs, il fallait absolument continuer à recruter de nouvelles familles et, pour ce faire, communiquer à plus grande échelle. Les membres actifs du groupe menèrent des sondages en ligne pour collecter des informations, tout en postant régulièrement des nouvelles du projet sur un blog créé spécialement à cette occasion. Ce blog avait plusieurs objectifs :

> Avec ce blog, on voulait faire adhérer les gens à notre initiative tout en lui conférant un statut. On y a posté la feuille de route et des articles sur les bienfaits du bilinguisme, on essayait de vendre le projet. Aucune d'entre nous n'avait vraiment eu de blog avant, donc on découvrait au fur et à mesure. On a essayé d'avoir une barre de défilement sur le côté avec les points clés : qui sommes-nous, comment l'initiative a commencé, pourquoi, comment est l'école, comment on imagine le programme. Sinon on pouvait juste avoir les dernières nouvelles du projet.[20]

Cette campagne de communication attira l'attention des médias qui publièrent plusieurs articles en langue japonaise, aussi bien à New York qu'au Japon. En partant seulement de cinq mères avec un plan d'action, le groupe attira suffisamment de familles intéressées pour pouvoir ouvrir la première classe bilingue, un an plus tôt que ce qui était prévu. Par la même occasion, il engrangea encore plus d'intérêt pour les classes qui suivraient. Le groupe reçut également de nombreuses demandes de la part de familles dont les enfants étaient déjà scolarisés, déçues qu'ils soient trop âgés pour rejoindre la filière bilingue qui devait commencer à la maternelle.

Trouver la bonne école publique

À peu près au même moment, le groupe commença à faire le tour des écoles à la recherche d'une administration dont la philosophie éducative serait adaptée à leur vision. Les cinq mères visitaient toujours les écoles ensemble et avaient la plupart du temps droit à une visite privée. C'est Lanny qui menait les visites, puisqu'elle était déjà dotée d'une expérience professionnelle dans le milieu éducatif :

> Avoir Lanny, une éducatrice qui connaissait le Département de l'éducation pour avoir travaillé comme enseignante, était crucial. Quand on visitait les écoles, elle savait quelles questions poser, ce qu'il fallait chercher en termes de programme, comment les enseignants interagissaient avec les élèves, la philosophie administrative et sa façon de fonctionner. Cela nous a vraiment aidées. On n'aurait pas pu aller aussi loin sans son expertise.[21]

Il fallut peu de temps au groupe pour trouver quelques écoles qu'elles aimaient vraiment et situées assez près de leurs domiciles. Leurs conversations avec les directeurs permirent de réduire leur choix à deux écoles du nord de Brooklyn, et finalement plus qu'une : P.S. 147 à Bushwick.

Une des principales inquiétudes des parents intéressés par la filière bilingue, et particulièrement des familles japonaises, était la discrimination. Au début, ils voulaient que leurs enfants soient tous dans la même classe. Cependant, les cinq mères avançaient le contre-argument selon lequel il ne fallait pas que la filière bilingue japonaise apparaisse comme une classe élitiste et ségréguée. Avec l'aide de quelques conseillers, les mères et la direction de l'école développèrent un plan qui permettrait d'intégrer la classe bilingue au sein de l'école en faisant se rencontrer régulièrement les élèves de la filière bilingue et ceux qui n'en faisaient pas partie pour les faire participer, toutes les semaines, à un projet commun. Cette préparation intense permit de s'assurer autant que possible qu'aucun élève ne se sente isolé, ou privé de ce qui serait enseigné dans la filière bilingue ou la filière classique.

Alors que l'initiative japonaise recevait beaucoup de soutien plus tôt que prévu, commencer le programme dans un laps de temps plus court équivalait à se retrouver confronté à plusieurs problèmes techniques comme ceux de la procédure d'inscription centralisée ou du rythme de la bureaucratie scolaire qui n'était pas toujours aussi rapide que les parents l'eurent espéré. Tout ceci se traduisit par quelques retards qui eurent des conséquences sur le recrutement des familles, en particulier les familles japonophones vivant en dehors de la zone de l'école. De ce fait, la première classe de maternelle n'ouvrit pas avec un équilibre parfait d'élèves dont la langue maternelle était le japonais et d'autres dont la langue maternelle était l'anglais. Ce fut une grande source de frustration pour les membres fondateurs et cela pesa lourd sur le moral du groupe. À la fin, seul un membre originel du groupe de la filière bilingue en japonais s'inscrivit dans le programme. Les autres y renoncèrent pour des raisons personnelles ou pour cause de déménagements.

Néanmoins, la directrice de l'école, Sandie Noyola, résista à la pression et n'abandonna pas l'initiative. Au contraire, elle ouvrit la filière avec l'espoir que les difficultés bureaucratiques se dissiperaient bien assez tôt. Un enseignant japonophone aux qualifications et aux autorisations requises fut trouvé puis recruté, et le programme lancé. Une classe de grande section de maternelle fut créée pour attirer aussi bien des enfants japonophones que des enfants dont les familles se montraient intéressées par la filière. Cette classe proposait un enseignement de la langue et de la culture japonaise grâce à l'aide de la *Japan Society*. Le bon équilibre entre les japonophones et les anglophones créa de bonnes bases sur lesquelles construire le programme.[22]

Un cadeau pour l'avenir

Parents, anciens et nouveaux, ont pris l'initiative de soutenir l'école et d'aider à la croissance du programme. D'abord, en travaillant sans relâche pour aider l'école à établir une bonne réputation parmi les parents japonais et en améliorant leur compréhension du procédé d'inscription, afin que les futures familles soient en confiance en s'inscrivant et n'aient pas peur d'être refusées pour des questions de zones scolaires. Ensuite, en complémentant le budget de l'école grâce à la mise en place d'une association à but non lucratif 501(c)(3)[23] qui profiterait non seulement à la filière bilingue mais à l'école dans son ensemble. Ce projet est toujours en cours. Les efforts de collecte de fonds des parents de P.S. 147 permirent à l'école d'investir dans son programme et ses élèves, en utilisant les fonds pour acheter des livres, financer des voyages scolaires, former les enseignants, ou subventionner les programmes d'enrichissement de l'école.[24]

Le cadeau des mères fondatrices à la société est immense, bien que la plupart d'entre elles n'aient jamais eu l'occasion de récolter les fruits de leur dur labeur. Ce travail eut pour conséquence l'ouverture de la première filière bilingue anglais-japonais de New York en septembre 2015 à P.S. 147 à Bushwick, un quartier du nord de Brooklyn. Nous l'avons vu, le projet dut faire face à bien des difficultés, de la sélection de l'école à l'inscription d'un nombre suffisant d'élèves, en passant par le financement de la filière et la motivation constante face à de grandes déceptions. Malgré tous ces revers, l'esprit de l'équipe fondatrice fut assez fort pour que le projet surmonte ces obstacles. Leurs conversations initiales, les idées échangées, la vision partagée, l'engagement de chacune et l'effort collectif jouèrent un rôle clé dans la création de ce programme unique. Leur initiative progresse toujours alors qu'un nouveau cycle de parents et d'éducateurs encouragent la filière naissante. Plusieurs parents japonais de New York et d'ailleurs ont eu vent de l'initiative et ont été intéressés par la mise en place d'une initiative similaire dans leur quartier. Nos mères japonaises sont donc une inspiration pour d'autres parents qui créent à leur tour leur propre filière, perpétuant un cercle vertueux.

La passion et l'enthousiasme partagés par tous les participants, ainsi que le fait qu'il soit bel et bien possible de créer un tel programme, ont inspiré d'autres communautés linguistiques à rejoindre ce mouvement, comme le montrent les histoires des filières bilingues en italien, en russe et en allemand qui vont suivre. Voilà la quintessence de la Révolution bilingue. Des efforts et de la vision de quelques personnes peut émerger un mouvement collectif qui tend à rendre accessible l'éducation bilingue dans les écoles publiques.

CHAPITRE 3

Rassembler la communauté : trois tentatives pour une filière en italien

Beaucoup de parents arrivés récemment aux États-Unis décident de s'occuper eux-mêmes de l'éducation de leurs enfants et sont prêts à montrer l'exemple si nécessaire. Un groupe en particulier avait eu vent des filières bilingues que d'autres communautés linguistiques avaient réussi à mettre en place à New York, alors qu'eux-mêmes étaient à la recherche d'une opportunité semblable pour l'éducation de leurs enfants. Commença alors un long et parfois laborieux voyage vers l'inauguration d'une filière bilingue en italien à New York. Ces parents s'appelaient Martina Ferrari, Stefania Puxeddu, Piera Bonerba et Marcello Lucchetta. Leur histoire illustre bien les obstacles et les succès auxquels ces nouvelles initiatives peuvent se trouver confrontées. Après non pas un mais trois projets de filière bilingue, l'exemple de la communauté italienne démontre que la persévérance et la détermination des parents finissent toujours par payer.

Les Italiens et Italo-Américains composent une des communautés les plus importantes et les plus interconnectées de New York. Selon les chiffres de l'*American Community Survey,* une enquête nationale sur les communautés, 85 000 personnes de cinq ans ou plus parlaient italien chez eux en 2014, dont 30 000 d'entre eux qui déclaraient mal parler l'anglais. En plus de ceux dont l'italien est la langue maternelle, il y a aussi beaucoup d'Italo-Américains dans la ville de New York (plus particulièrement dans certains quartiers de Brooklyn comme Bensonhurst, Bay Ridge et Carroll Gardens) qui cherchent à préserver leur culture italienne. Les chiffres du recensement de 2014 confirment que plus de 500 000 habitants de New York déclaraient avoir des ancêtres italiens. Pour autant, le groupe de la filière bilingue italienne n'a pas pensé une seule seconde qu'atteindre le nombre de parents intéressés, nécessaire pour monter la filière, serait chose aisée.

La force motrice des expatriés du XXIème siècle

Ces jeunes Italiens éduqués qui composaient le groupe de la filière bilingue arrivèrent aux États-Unis au cours des dix dernières années dans l'espoir de trouver de nouvelles opportunités de travail et une vie plus exhaltante. À l'instar des nombreux expatriés de la première génération, ils adoptèrent rapidement le mode de vie américain et eurent eux-même des enfants. Ils restaient toutefois très attachés à l'Italie et, grâce à leurs divers emplois, ils gardaient un contact régulier avec leur pays et leur langue natale qu'ils parlaient également à la maison. Ils retournaient souvent en Italie avec leurs enfants afin de préserver leurs racines italiennes. Noël et les vacances d'été étaient des moments parfaits pour retrouver les grands-parents, rendre visite aux cousins et permettre aux enfants de plonger dans la langue et la culture du pays.

Ce groupe de parents se rendit compte que, bien qu'ils parlaient italien à la maison, leurs enfants maîtrisaient de moins en moins l'italien à mesure qu'ils grandissaient, ce qu'ils expliquaient par le fait qu'ils passaient huit heures chaque jour à la maternelle entourés d'enseignants et d'élèves ne parlant qu'anglais. Il était aussi courant qu'un parent passe à l'anglais lorsque l'italien n'était pas sa langue maternelle, même si ces familles faisaient de grands efforts pour s'en tenir à l'italien, comme l'explique Marcello :

> Avec les plus jeunes, on essaye tant bien que mal de les imprégner d'italien, en leur lisant des petits livres dans la langue et en leur posant à chaque fois des questions pour voir s'ils se souviennent d'un mot. « Comment dit-on *abeille* en italien ? » Certains films et dessins animés les aident à absorber un peu la langue. Parfois, on parle des choses et des différences, comme « voilà des pâtes comme on les fait en Italie », en comparant toujours la façon dont on fait les choses ici et en Italie.[25]

Des conversations plus compliquées en italien demandaient plus de temps et de patience de la part des parents car, dans cette langue, le vocabulaire de leurs enfants est généralement moins développé qu'en anglais. Ils ont d'ailleurs souvent tendance à répondre en anglais à une question posée en italien et parlent parfois italien avec un fort accent anglais. Quoi qu'il en soit, ces parents motivés faisaient de leur mieux pour maintenir leur patrimoine linguistique chez eux. Malgré leurs efforts, ils s'aperçurent vite que cela n'était pas suffisant. Une filière bilingue dans une école publique était leur meilleur espoir pour permettre à leurs enfants d'être réellement à l'aise dans les deux langues.

Les parents s'adressèrent à Ilaria Costa, la directrice exécutive de IACE, le Comité italo-américain de New York pour l'éducation. Elle-même put ensuite les orienter vers Lucia Pasqualini, adjointe au Consul Général d'Italie, et Carlo Davoli, Attaché à l'éducation qui travaillait au Consulat italien. Ils furent capables de faire passer le mot à tous les italiens inscrits sur les registres du Consulat. Lucia mit également le groupe en relation avec Jack Spatola qu'elle avait rencontré lors de ses visites régulières à Bensonhurst, le « bastion » italien de Brooklyn. Jack était le proviseur de P.S. 172 à Brooklyn et, qui plus est, un membre très actif de la communauté italo-américaine. Il était aussi président de la Fédération des associations italo-américaines de Brooklyn, une association caritative à but non lucratif, créée grâce aux efforts d'une dizaine d'associations dans le but de rassembler des ressources et fournir certains services à la communauté italienne et à la ville de New York. Une fois ces connexions établies, le groupe fut prêt à sonder la communauté italienne et partir à la rencontre de familles potentiellement intéressées.

En un rien de temps, Lucia et Ilaria réussirent à organiser une réunion d'informations au Consulat d'Italie. Des tracts furent distribués et des annonces faites par le biais des réseaux sociaux, des blogs et la liste de diffusion du Consulat. Tous furent surpris de voir la réponse massive de la communauté : des centaines de RSVP furent reçus. Il fallut s'organiser pour accommoder les participants supplémentaires dans une pièce débordante de monde où l'on avait même installé une télévision pour que tous les invités puissent suivre la conversation. Cette réponse de la communauté, si impressionnante et enthousiaste, attira l'attention des médias italiens qui amenèrent caméras et journalistes pour couvrir l'évènement. Au final, la réunion attira plus de 200 personnes. Les deux pièces principales du Consulat étaient remplies et certains devaient même rester debout dans les couloirs. Ce fut un moment glorieux pour le groupe et le projet de filière bilingue en italien.

La réunion fut organisée en quatre temps. Elle commença avec une présentation générale sur les avantages du bilinguisme et l'éducation en deux langues menée par Bahar Otcu, une professeure turco-américaine de Mercy College à New York spécialisée en éducation bilingue. Un panel de parents français, japonais et russes qui avaient déjà réussi à créer leur propre filière bilingue fut invité à parler. Ils expliquèrent comment ils avaient pu mobiliser leurs communautés respectives, recruter des familles et exposer leur proposition aux écoles sélectionnées. La soirée se poursuivit avec plusieurs éducateurs, dont l'ancienne directrice du Bureau des apprenants de l'anglais au Département de l'éducation de la ville de New York, Claudia Aguirre, et moi-même. Enfin, le micro fut laissé aux parents qui avaient initialement contacté le Consulat ainsi qu'à Jack Spatola qui avait offert son aide. Cette partie de la discussion se concentra sur les efforts fournis par le groupe de la filière bilingue italienne pour recruter des parents motivés et sur les étapes à suivre pour transformer l'enthousiasme général en une, voire plusieurs filières bilingues, dans les écoles publiques de Brooklyn ou de Manhattan. Le groupe présenta également le blog qu'il avait créé et par le biais duquel il espérait collecter les réponses des familles intéressées, donner des informations et des nouvelles du projet et coordonner les différentes propositions faites aux écoles afin que les parents puissent trouver celle qui leur conviendrait.

Comme pour la plupart des projets de filière bilingue, il est essentiel de rassembler suffisamment de parents avant d'approcher un directeur d'école. Pour que le projet réussisse, il est également primordial d'avoir le soutien d'associations communautaires, d'apporter des garanties financières supplémentaires, d'avoir accès à des livres et à des ressources et de connaître des enseignants. Sans cela, l'initiative est vouée à l'échec. C'est ce qui s'est passé trois ans avant que l'actuelle filière bilingue ne soit lancée et c'est aussi ce qui a provoqué la fin d'une initiative semblable menée par une mère italo-américaine, Christina Prostano.

Les épreuves et tribulations des initiatives portées par les communautés

Les arrière-grands-parents de Christina émigrèrent de l'Italie aux États-Unis au début du XXème siècle et la langue italienne se perdit au fil des générations. Une perte tragique pour Christina qui voulait que ses enfants apprennent l'italien bien qu'elle-même n'en connaisse que quelques mots. Elle tenta de combler ce manque en montant une page Facebook et en créant un sondage pour mesurer l'intérêt porté à l'apprentissage de l'italien. Elle recensa soixante-dix familles intéressées, à la fois anglophones et italophones. Cependant, Christina fut incapable de réunir les conditions nécessaires, c'est-à-dire de trouver une école qui aurait l'envie et les moyens de commencer une telle filière, de rassembler le soutien et le financement d'associations italiennes et de trouver des enseignants qualifiés. Sa courageuse tentative de lancement d'une filière bilingue italien-anglais ne put aboutir et l'initiative fut abandonnée.

Malgré l'enthousiasme que les parents avaient réussi à susciter et l'aide du Consulat, leur initiative ne put se matérialiser. La raison principale de cet échec fut la perte des familles impliquées à l'approche de la rentrée scolaire et un manque d'engagement de la part des écoles publiques visitées. Leur travail permit néanmoins de lancer une nouvelle initiative à Bensonhurst, menée par Jack Spatola et la Fédération des associations italo-américaines de Brooklyn qui permit d'ouvrir la première classe de maternelle italienne en 2015. C'était déjà trop tard pour les enfants du groupe de départ, désormais trop vieux pour intégrer une classe de maternelle. Pour les familles impliquées depuis le début, la frustration est toujours très grande lorsque cela se produit. Marcello décrit cette défaite :

> J'aurais vraiment adoré inscrire mes enfants dans une école publique. Nous sommes là pour une raison, et on y accorde de l'importance. Mon rêve, c'était d'avoir une filière bilingue en italien et en américain dans une école publique. Pas juste à cause de l'argent. Ce qui était important c'était surtout de savoir qu'il y avait d'autres enfants italo-américains comme eux et des familles américaines qui voulaient que leurs enfants apprennent une autre langue, ma langue. J'étais peut-être un peu idéaliste, un peu visionnaire mais c'était mon idée de base.[26]

Cet échec représentait aussi une grande perte pour la collectivité puisque la filière aurait pu avoir des répercussions positives bien au-delà de la communauté italienne, en offrant à de nombreux enfants l'accès à une belle langue et une culture extrêmement riche. Quant à Marcello et les autres parents, ils espèrent toujours entendre leurs enfants parler italien un jour, même si cela signifie qu'en tant que parents ils devront leur apprendre à lire et à écrire dans la langue. Ce n'est pas la façon idéale de parvenir au bilinguisme et au bilettrisme mais c'est tout ce qu'ils peuvent faire pour l'instant.

Certaines familles se tournèrent vers l'école privée de Manhattan, la

Scuola d'Italia, bien que les frais de scolarité élevés et la distance à parcourir tous les jours jusqu'à l'école, particulièrement pour ceux de Brooklyn Sud, en découragèrent plus d'un. D'autres engagèrent des jeunes filles au pair venues d'Italie, même si cela nécessite d'avoir une chambre en plus et, bien souvent, de changer chaque année. Enfin, des programmes le samedi après-midi offrirent à certaines familles la possibilité d'apprendre la langue, idéalement avec l'aide d'associations promouvant l'italien ou celle du Consulat. Comme c'est déjà le cas des jeunes inscrits à des activités extra-scolaires pendant la semaine, rajouter le programme du samedi à un emploi du temps déjà bien chargé peut parfois être trop contraignant pour un jeune enfant.

Le rôle des communautés patrimoniales

Les premiers efforts du groupe ne furent cependant pas vains. Leur vision fut finalement portée par Jack Spatola dont l'expérience du système scolaire et le vaste réseau personnel menèrent à la création de la première filière bilingue italien-anglais de New York. Au lieu d'être mené par des italiens fraîchement arrivés, le projet était maintenant entre les mains d'italiens de deuxième ou troisième génération. Leurs propres familles avaient vécu la même chose trente ou quarante ans auparavant. Ils avaient eux-mêmes eu des parents qui leur parlaient italien à la maison alors qu'ils étaient inscrits dans des écoles publiques new-yorkaises exclusivement anglophones. Ils avaient été directement témoins des dégâts linguistiques subis par leur propre génération ou celle de leurs parents et voulaient se mobiliser pour inverser ce phénomène de perte du langage dans leur communauté.

Globalement, les immigrants italiens de la génération des parents ou des grands-parents de ce groupe étaient arrivés aux États-Unis avec une éducation quasiment inexistante. La société qui les accueillit était bien différente de celle de notre groupe d'expatriés récemment arrivé dans ce pays. Plutôt que de chercher un travail correspondant à leurs attentes, ces premiers immigrants se jetaient sur des emplois qui leur permettaient de survivre. Contrairement à la génération actuelle d'Italiens à New York, dont l'immense majorité parle anglais et italien couramment, cette génération précédente avait du mal à communiquer en anglais. De plus, leur italien n'était en général pas aussi homogène qu'aujourd'hui. Ils avaient tendance à conserver les dialectes parlés dans leurs villages, cristallisés à leur arrivée aux États-Unis.

Les Italo-Américains d'aujourd'hui ont la possibilité et le luxe de pouvoir faire des choix informés en ce qui concerne l'éducation de leurs enfants. De nombreuses familles d'origine italienne n'ont pas gardé la langue à la maison, malgré leurs ascendances italiennes. Cependant, leur désir de préserver leur patrimoine linguistique a évolué avec le temps. Jack Spatola explique :

> Selon moi, particulièrement au sein de la communauté italo-américaine, les parents se rendent compte de l'importance de préserver leur héritage et leur culture. Je vois ça encore plus fréquemment chez les jeunes professionnels. Je le vois comme le besoin de préserver cette langue et cette culture qui n'existait pas auparavant. [27]

Pour cette nouvelle génération, les cours de langue le soir ou le week-end ne suffisent pas pour atteindre leurs objectifs qui sont d'établir des liens profonds avec leurs racines culturelles et linguistiques, et de rendre les jeunes Italo-Américains bilingues. Jack le confirme :

> Les Italo-Américains, comme d'autres groupes ethniques qui se sont bien intégrés aux États-Unis. Ils sont maintenant capables de comprendre l'importance et de percevoir la valeur de leurs origines. Peut-être est-ce par une sorte de mimétisme « certains le font, pourquoi pas nous ? » ou alors, en connaissance de cause, en comprenant les avantages que peut apporter un cerveau capable de penser en deux langues.

Cet enthousiasme à l'égard du bilinguisme et de ses bienfaits cognitifs, professionnels et sociaux pour les enfants suscite un intérêt grandissant auprès de la communauté italo-américaine.[28] En plus de renforcer le rapport que les familles entretiennent avec leur patrimoine culturel et linguistique, les filières bilingues confèrent aux enfants des compétences qui les aideront tout au long de leur vie. Ces atouts de développement personnel s'ajoutent aux autres bénéfices retrouvés dans les classes bilingues que la communauté italienne souhaite tant voir se multiplier.

La réussite, enfin

En 2015, grâce au soutien inébranlable de Jack Spatola, la Fédération des associations italo-américaines de Brooklyn et P.S. 112 s'associèrent pour créer la première filière bilingue en italien de la ville de New York. L'équipe réussit à trouver Louise Alfano, une directrice italo-américaine particulièrement enthousiaste, en charge de P.S. 112 à Bensonhurst. Quand l'ouverture de la filière fut annoncée, l'école reçut deux cent soixante-dix dossiers pour seulement vingt places. Près de cent quarante de ces enfants étaient des Italo-Américains dont les parents voulaient qu'ils préservent leur identité culturelle, héritée des générations précédentes. Des chiffres encore plus conséquents étaient attendus pour l'année suivante. Pour les organisateurs, voir autant de familles avec des enfants en bas âge intéressés par la filière bilingue était très instructif ; ils savaient qu'il y avait du potentiel mais ne se rendaient pas complètement compte du nombre d'intéressés jusqu'à ce que les parents commencent à s'inscrire.[29] Dans une déclaration commune, Jack Spatola et le président de la Fédération, Carlo Scissura, affirmèrent :

> La réponse des habitants est exceptionnelle, nous avons reçu de nombreux appels sur ce projet. Nous sommes convaincus que créer des filières bilingues pour servir une communauté aussi diverse que la nôtre est vital puisqu'elles contribueront à préserver la culture d'origine de chacun tout en favorisant une meilleure compréhension et un plus grand respect de notre diversité ethnique.[30]

Malgré les échecs passés, il était clair que la communauté était désormais prête à soutenir l'initiative et qu'il y avait même assez d'enthousiasme pour développer encore plus de filières.

Comme l'ont montré les projets précédents, ce n'est pas toujours facile de créer une filière bilingue en ne partant de rien. Cette histoire italienne montre également qu'il arrive que les parents fondateurs manquent malheureusement les opportunités pour lesquelles ils ont pourtant tellement œuvré, simplement parce que la filière ne se matérialise pas assez vite pour que leurs enfants puissent en profiter. Leur histoire illustre également l'importance de la persévérance, des liens au sein de la communauté et de la ténacité des familles à maintenir leur héritage linguistique.

L'envie de vouloir redynamiser une communauté linguistique ou culturelle ne doit en aucun cas être sous-estimée, en particulier dans le contexte du *melting pot* des États-Unis qui rassemble les histoires singulières de nombreuses communautés. Nombreux sont les avantages multigénérationnels liés au fait de vouloir préserver son patrimoine culturel, la littérature de son pays d'origine ou son histoire. C'est également une façon de cultiver un sentiment d'appartenance, de fierté et d'identité en tant que membre d'un groupe de même héritage culturel. Les filières bilingues permettent aux enfants de maintenir leur héritage culturel et linguistique tout en développant leurs propres capacités et identités, faisant d'eux la fierté de leur communauté. Qu'il est beau de voir comment cette filière bilingue a pu se concrétiser au sein de la communauté italienne de New York, grâce à l'effusion de soutiens venus de centaines de familles. Comme le dit un vieil adage anglo-saxon, *If at first you don't succeed, try, try, try again* (si vous ne réussissez pas la première fois, essayez encore et encore). Chaque acteur de cette histoire a contribué à la réussite de la filière bilingue, peu importe son rôle. Finalement, avec beaucoup de persévérance, de bonnes relations et un peu de chance, l'éducation bilingue peut réussir à transformer et à redynamiser nos communautés.

CHAPITRE 4

Esprits stratégiques : l'histoire de la filière bilingue allemande

Durant l'été 2015, un groupe de parents de Kinderhaus, une maternelle d'immersion en allemand de Park Slope à Brooklyn, discutaient des options qu'ils avaient pour l'école primaire. Chaque parent du groupe avait pour espoir que son enfant puisse continuer son éducation en deux langues : en allemand et en anglais. Par chance, certains de ces parents connaissaient le travail de Sylvia Wellhöfer, une mère allemande du quartier, motivée par la perspective de créer la première filière bilingue en allemand de la ville de New York. Après leur mise en relation, Sylvia et les parents de Kinderhaus décidèrent d'allier leurs efforts : Sylvia et Celine Keshishian, une américaine dont l'enfant était bilingue allemand, prirent la tête du groupe. Afin de mesurer l'intérêt des familles qui étaient directement en contact avec le groupe, un évènement de lancement fut organisé quelques semaines plus tard. Des équipes de projets et des chefs de projets furent désignés au même moment afin d'aider à la recherche d'écoles et au recrutement des parents, et un plan stratégique fut établi. Le groupe fut rapidement rejoint par des alliés d'influence, notamment Katja Wiesbrock-Donovan qui à la tête de la section culturelle du Consulat allemand de New York et Andrea Pfeil, directrice du département linguistique au Goethe Institut, un centre culturel qui promeut l'allemand et entretient diverses coopérations culturelles. En plus d'apporter leur expertise en termes d'éducation bilingue, ces nouvelles relations permirent de faire connaître cette initiative à la communauté allemande des cinq arrondissements de New York et au reste de la communauté allemande en général.

Racines allemandes aux États-Unis

Les familles germanophones étant de plus en plus nombreuses à Brooklyn, la ville a récemment admis qu'il était nécessaire d'ajouter l'allemand au programme scolaire. La communauté germanophone de New York est grande et variée, composée d'Allemands, d'Autrichiens, de Suisses, de Belges, d'Alsaciens, de Luxembourgeois, d'Italiens du nord et de Germano-Américains. Les Allemands représentent d'ailleurs un des plus grands groupes d'héritage linguistique des États-Unis, et bien des Américains aux ancêtres allemands ont un intérêt personnel à maintenir leur langue et leur culture. Cependant, conserver cet héritage en vie n'a pas toujours été facile pour la communauté allemande, puisque cela supposait de se heurter à de nombreux préjugés et à des a priori négatifs. Pour les Germano-Américains arrivés aux États-Unis durant la période d'après-guerre dans les années 1950, il fallut s'intégrer à la culture américaine et souvent même cacher le fait de parler allemand, en particulier pour les enfants à l'école. Cette suppression intentionnelle de la langue et le sentiment anti-allemand nourri par l'esprit d'après-guerre, eurent de grandes conséquences sur l'allemand et son maintien aux États-Unis, y compris à New York. Heureusement, avec le temps, ces préjugés disparurent au fur et à mesure que les attitudes évoluaient.

Le désir actuel de maintenir la culture allemande aux États-Unis émane principalement des clubs et des cercles allemands qui, du Queens à Long Island, jusqu'au Connecticut et Philadelphie, sont toujours actifs à ce jour. Ces clubs organisent des évènements où l'on retrouve des allemands de troisième voire de quatrième génération. Deutscher Verein, par exemple, est le deuxième plus vieux cercle toujours en activité de New York. Fondé en 1842, seuls les hommes d'affaires étaient autorisés à en devenir membres. Il se targue d'avoir compté parmi ceux-ci Frederick August Otto (FAO) Schwartz, Emile Pfizer et les frères Steinway. Et même si les membres du club ne parlent pas forcément allemand entre eux de nos jours, ils travaillent activement à la préservation de leur patrimoine culturel.

Cet héritage n'est désormais visible que dans certaines institutions traditionnelles de New York, telles que la boucherie Schaller & Weber, le restaurant Heidelberg ou l'auberge de jeunesse Kolping House. Néanmoins, l'église luthérienne évangélique allemande Saint Paul de Chelsea, vieille de 175 ans, célèbre toujours l'office en allemand et continue à rallier de jeunes familles au sein de sa congrégation ancestrale. La célébration de la culture allemande est également parfaitement illustrée par la Steuben Parade de la Cinquième avenue, où des milliers de Germano-Américains se réunissent chaque année autour de vieilles chansons et revêtent des costumes traditionnels. Si les plus jeunes expatriés allemands ne se reconnaissent pas forcément dans ces traditions, tous peuvent constater le rôle qu'elles jouent dans la préservation du patrimoine culturel germano-américain de New York. La culture allemande de la ville est d'ailleurs en train d'assister à ce qu'on pourrait appeler une renaissance. L'industrie de la restauration connait un renouveau et, ces dix dernières années, des dizaines de restaurants allemands ou à thématique germanique ont été ouverts par de jeunes Germano-Américains.

Les Allemands récemment arrivés aux États-Unis, souvent dans le but de faire progresser leur carrière, sont tout aussi soucieux de préserver leur culture et leur langue. Plusieurs familles d'expatriés au sein du groupe de parents n'avaient pas prévu de rester aux États-Unis très longtemps. L'initiative de la filière bilingue leur fit revoir cette position, puisqu'ils voyaient les écoles publiques comme une excellente alternative aux écoles privées allemandes. Ce groupe de nouveaux immigrants représente une partie importante du paysage allemand à New York, en plus de la communauté d'héritage germanique déjà très présente.

On retrouve des cas intéressants d'organisations qui cherchent à ériger des passerelles entre les deux pendants de la communauté allemande de New York. CityKinder, par exemple, est une association basée sur internet qui regroupe plusieurs générations de germanophones à New York et organise chaque année une chasse aux œufs de Pâques, des pique-niques, la Steuben Parade et *Fall in the Park*, une journée d'automne où les familles se retrouvent autour de cerf-volants, de pommes sur le grill, de jeux et d'histoires. L'événement le plus important de l'association est la marche des lanternes de la Saint Martin pendant laquelle les enfants traversent Prospect Park à Brooklyn avec des lanternes faites à la main en chantant des comptines traditionnelles jusqu'à ce qu'ils atteignent Saint Martin à cheval. D'une certaine façon, grâce à l'implication de sa fondatrice, Gabi Hegan, CityKinder fédère la communauté allemande de New York. Les centres culturels allemands, les églises et les écoles s'en servent d'ailleurs pour promouvoir leurs activités et toucher des familles plus jeunes. L'association joua également un rôle majeur pour communiquer sur la filière bilingue en mettant en relation des familles de milieux linguistiques et culturels différents et en les rassemblant autour d'un projet capable de servir la communauté de façon prodigieuse.[31]

L'initiative de la filière bilingue allemande regroupa des familles multiculturelles, plurilingues et multinationales. À l'image du quartier de Brooklyn où elles habitaient, ces familles représentaient un éventail d'appartenances ethniques, de centres d'intérêt et de professions : entrepreneurs, dirigeants, artistes ou encore étudiants. Certaines de ces familles étaient d'origine allemande mais ne parlaient qu'anglais. D'autres descendaient de parents immigrés ou n'avaient pas prévu de rester très longtemps aux États-Unis. Souvent, les familles du groupe de la filière allemande parlaient anglais chez elles, même si ce n'était pas leur langue maternelle. Tous venaient de milieux religieux et socio-économiques divers. C'est justement cette diversité qui fit la force de la filière bilingue allemande.

Action

Les efforts menés par le groupe de la filière bilingue allemande pour établir une stratégie le plus tôt possible furent un facteur déterminant de sa réussite. L'équipe organisatrice utilisa une approche par étapes, en se fixant des délais et des objectifs afin de faire avancer le projet dans les temps. Par exemple, l'équipe se fixa jusqu'à décembre pour choisir une école afin d'avoir suffisamment de temps pour que les élèves puissent s'inscrire et commencer le cursus au mois de septembre de l'année suivante. En plus de cela, le comité de sensibilisation de la filière bilingue allemande dut monter un dossier solide pour le programme car toutes les écoles contactées n'étaient pas forcément très ouvertes à l'idée de monter une telle filière ou n'en comprenaient pas les avantages pour les enfants et la communauté scolaire. Pour certains chefs d'établissements, cela les obligeait à sortir de leur zone de confort, une étape apparemment trop difficile.

Cependant, le groupe continuait de progresser en faisant bien attention à documenter le travail qu'il présenterait plus tard aux parents intéressés. Sylvia Wellhöfer décrit les premiers pas de son équipe :

> À la base, nous avons suivi la feuille de route de la filière française, en faisant des ajustements lorsque jugés nécessaires. Nous n'avons pas déterminé de quartier lors de la phase initiale et nous nous sommes concentrés davantage sur les parents que sur les établissements. Nous avons centré nos efforts sur la création d'une base de données qui permettrait de plaider notre cause et de

> déterminer le nombre d'anglophones débutants. Cela nous a été très utile. Après la réunion de lancement, on a défini trois groupes de parents et contacté les écoles et les personnes en charge du district.[32]

Leur groupe avait pour objectif de trouver quinze enfants germanophones et quinze autres non-germanophones pour pouvoir présenter un dossier solide aux autorités scolaires. Pour répondre aux conditions nécessaires de la ville de New York, il fallait aussi déterminer pour chaque district scolaire le nombre d'enfants considérés comme anglophones débutants qui conviendrait à la filière. La diversité des familles intéressées était un atout capital à leur projet.

Dès le début, l'équipe de la filière bilingue allemande échangea régulièrement avec tous ceux impliqués dans le projet et établit une stratégie pour recruter des parents déterminés, en inscrivant leurs enfants dans la filière et en se tenant à leur engagement. Afin de trouver le groupe scolaire approprié, ils ciblèrent trois districts de Brooklyn et composèrent trois groupes de travail indépendants qui firent remonter des informations sur chaque district sur la base des données récoltées sur le terrain. Même si l'équipe avait l'idée à terme de mettre en place plusieurs filières dans différents quartiers, elle ne voulait pas compromettre l'initiative ou faire mauvais usage du temps et de l'énergie déployés par ses volontaires en menant plusieurs projets simultanément.

Avec une date d'ouverture en tête, l'équipe en charge de trouver l'école devait prendre sa décision finale pour savoir où concentrer les efforts du groupe en fonction d'éléments clés comme le niveau de soutien de l'administration scolaire ou l'espace de salles de cours disponible. Les écoles sélectionnées devaient être faciles d'accès et prêtes à affronter les différents obstacles qui accompagnent toujours l'ouverture d'une nouvelle filière bilingue. Chaque école potentielle sélectionnée par un groupe devait être visitée par tous les chefs de groupes. Ses attributs étaient ensuite partagés avec les parents intéressés par le projet. Les équipes savaient bien que les écoles sous-évaluées avaient le plus à gagner d'une filière bilingue. Typiquement, ces filières attiraient de nouveaux élèves et de nouveaux parents investis dans le programme et la communauté scolaire. Les nouvelles familles sont souvent plus enthousiastes à l'idée de faire du bénévolat pour l'école, d'aider dans la bibliothèque, de faire des dons ou de trouver des ressources supplémentaires pour les classes. La croissance de la population d'une école qui se produit quand une filière bilingue y est implantée permet aussi de garantir des financements additionnels de la part de la ville et du Département de l'éducation de l'État. Ces facteurs, ainsi que l'acceptation d'une filière bilingue par l'équipe administrative de l'école potentielle, permirent d'orienter les décisions du groupe de la filière bilingue allemande.

Une stratégie organisée et efficace

Pour les porteurs du projet de filière bilingue allemande, il était important de présenter leur stratégie avec clarté et en amont. Avant que leur initiative ne soit lancée, il existait déjà cinq écoles privées allemandes dans la ville de New York. Trois de ces écoles étaient basées à Brooklyn : German School Brooklyn, Kinderhaus et Wortspiele. Les leaders du projet ne voulaient pas entrer en compétition avec ces établissements, ni se mettre dans une situation où leur initiative serait perçue comme une menace. Les chefs de groupes étaient convaincus de la nécessité de disposer d'une offre plus large et voyaient la création de leur filière dans une école publique comme une solution complémentaire à celle déjà fournie par les écoles privées. Le groupe fit bien attention à ne pas amplifier des tensions inutiles dans une entreprise déjà difficile. En fonction des besoins individuels de chaque famille, il leur est même arrivé de suggérer l'option de l'école privée en premier lieu à certains parents qui avaient les moyens de s'offrir ce genre d'éducation. Cette collaboration avec les écoles privées permit de s'assurer que cette nouvelle opportunité de bilinguisme allemand-anglais à travers une filière bilingue serait perçue comme un ajout bienvenu à la communauté.

Le groupe savait qu'il fallait gagner la confiance des parents et maintenir un excellent réseau de contacts. Tout en restant cohérent dans leur stratégie, il fallait faire suite à certaines suggestions et s'assurer que les requêtes particulières des parents soient prises en compte. Sylvia Wellhöfer explique :

> Je travaille de façon très méthodique. Je suis sûre qu'il y a une autre façon de faire mais je l'ai toujours imaginé comme la construction d'une entreprise ou d'une ONG sans aucun financement. On a lancé une page Facebook, dessiné un logo et créé un site internet. Quand c'était vraiment très important, je relançais avec des emails ou des coups de téléphone. On transmettait les informations concernant la filière bilingue en allemand via CityKinder.com, une plateforme en ligne allemande, la newsletter du Consulat et la newsletter du Goethe Institut. On a aussi distribué des tracts et

essayé de faire passer le mot dans les parcs ou lors d'activités auxquelles on participait.[33]

Les parents se retrouvaient souvent à des journées portes-ouvertes, dans des cafés du quartier ou à l'aire de jeu. Le flux d'informations était constant. Les partenariats qu'ils mirent en place contribuèrent à la crédibilité et à l'efficacité de leur initiative. Le Goethe Institut, par exemple, proposa de subvenir à tous les besoins en matériel de classe et fit appel à son réseau pour trouver des ressources, mettre en place des programmes et récolter des CV d'enseignants. Des liens furent également établis avec les écoles ayant déjà mis en place une telle filière, comme la section francophone de P.S. 110 et celle en japonais de P.S. 147, afin d'apprendre de leurs expériences et bénéficier de leurs conseils.

Frappés par la déception

Grâce aux données qu'ils purent récolter et à la communication limpide avec les parties intéressées, le groupe put obtenir un accord initial avec P.S. 17 à Brooklyn. Notre groupe de parents ultra-organisés se mit alors à la recherche de familles qui intègreraient la maternelle la même année, s'adressant à des groupes de divers districts scolaires de Brooklyn et du Queens. Malheureusement, quelques semaines avant la rentrée scolaire, trop de familles avaient abandonné le processus d'inscription pour pouvoir ouvrir la filière dans de bonnes conditions. Le projet de section bilingue à P.S. 17 ne put donc se matérialiser à cause de la réticence de l'administration de l'école et des difficultés administratives trop contraignantes. Cet exemple et ceux présentés dans les autres chapitres du livre illustrent bien la nécessité de vérifier régulièrement l'intérêt des parents et s'assurer qu'ils restent engagés dans l'initiative. Il est également important pour les porteurs de projet de rester concentrés et de continuer à chercher une école, comme l'a fait ce groupe.

Avec le soutien infaillible de la responsable du district scolaire, l'équipe de la filière bilingue et la direction de l'école cherchèrent plusieurs alternatives tout en restant décidées à ouvrir un jour une filière bilingue en allemand. Ils acceptèrent donc, en attendant, d'ouvrir un programme d'enrichissement après les cours pour incorporer du contenu en allemand au curriculum et maintenir un lien avec l'école. Le nouvel objectif de l'équipe est de poser les bases d'une filière bilingue dans une nouvelle école du quartier, P.S. 18, pour l'année suivante. Ce groupe n'a pas abandonné sa mission de créer une filière bilingue en allemand à New York. La ténacité de ses membres, même lorsque confrontés à de si grosses déceptions, est certainement un indicateur de leur réussite à venir.

Les parents impliqués dans cette initiative formaient un groupe bien organisé, armés d'une stratégie remarquable pour trouver des écoles et recruter des familles, tout en communiquant de façon claire et constante avec leurs interlocuteurs. Ils étaient disposés à inclure des personnes non-germanophones dans le groupe et prenaient soin de travailler en partenariat avec les écoles privées et les associations culturelles, et non en concurrence. Et bien que plusieurs familles fussent déçues de voir la filière repoussée à l'année suivante, de grandes choses furent accomplies et l'espoir d'ouvrir la première filière bilingue en allemand de New York demeurait résolument présent. Les fondements d'une filière bilingue réussie avaient été posés.

CHAPITRE 5

Le conte de deux quartiers : le russe à Harlem et à Brooklyn

La rencontre à l'Institut Harriman de Columbia University à New York, en 2016, fut le point culminant du projet de filière bilingue russe mené par deux mères, Julia Stoyanovich et Olga Ilyashenko. La réunion rassembla un éventail impressionnant de soutiens, parmi lesquels Tim Frye, un Américain russophone et Professeur spécialisé dans les études de la Russie et de l'Europe de l'Est, Maria Kot, Russe d'origine qui aida à construire et à préserver la filière bilingue russe de Brooklyn et Tatyana Kleyn, Professeure d'éducation bilingue au City College de New York, venue aux États-Unis en tant que jeune russophone originaire de Lettonie qui dut réapprendre le russe une fois adulte. La réunion compta également des personnalités importantes de l'État et de la ville comme Luis Reyes, membre du Conseil des Régents de New York, Milady Baez, Chancelière adjointe aux écoles, ainsi que d'autres élus locaux, directeurs d'écoles, enseignants, représentants d'associations culturelles et parents. Cette assemblée ne fut qu'une petite manifestation de l'effort incroyable, long de plusieurs années, fourni pour créer une filière bilingue russe dans l'Upper West Side de Manhattan. Traversant des hauts et des bas, plusieurs groupes de parents se succédèrent pendant des années pour convaincre les autorités scolaires de la nécessité d'une filière bilingue russe dans cette partie de la ville. Malgré de nombreuses difficultés, cet appel à l'action permit d'unifier un groupe d'individus aux attentes très variées.

Une communauté linguistique à l'esprit mondialisé

Toutes les personnes présentes lors de cette assemblée n'étaient pas forcément originaires de Russie. En fait, seules quelques-unes d'entre elles l'étaient. Bon nombre habitaient à New York mais avaient grandi dans des maisons où l'on parlait russe. D'autres venaient d'anciens pays de l'Union

Soviétique ou de régions devenues de nouveaux pays comme la Lettonie. Lors de cet évènement, quand on demanda quelles autres langues étaient parlées à la maison, les familles évoquèrent l'italien, le grec, l'ukrainien, le tatar, l'arménien, l'espagnol, le français, l'allemand, l'hébreu, le hongrois, le serbe ou encore l'ourdou pour n'en nommer que quelques-unes, en plus du russe et de l'anglais. Le groupe tout entier était constitué de 125 familles avec 160 enfants nés entre 2011 et 2016, soit environ trente à quarante enfants par année de naissance, qui devaient entrer en moyenne ou grande section de maternelle l'année suivante. Pour beaucoup de ces parents, le russe était la langue maternelle ou familiale. D'autres n'en avaient aucune notion ou presque. Près de la moitié des enfants parlait russe à la maison, un quart parlait aussi bien russe qu'anglais, et un autre quart ne parlait que le russe ou une autre langue. Les familles représentées par cette initiative étaient aussi variées que la ville où elles habitaient : multilingues, multiculturelles, et avides de nouvelles opportunités pour leurs enfants.

Des témoignages recueillis auprès de certaines familles rendent bien compte de l'importance de cette filière dans leur vie personnelle et familiale. Quelques parents avaient dû lutter pour apprendre le russe comme deuxième langue, s'y étant pris trop tardivement, et ne voulaient pas que leurs enfants connaissent les mêmes difficultés. Certains enfants avaient des parents dont l'un parlait russe et l'autre anglais, ce qui rendait très difficile la communication en russe à la maison. Ces parents étaient persuadés qu'une filière bilingue russe serait un moyen inestimable de préserver leur identité, tout en permettant à leur enfant de parler couramment russe. Une des familles avait un enfant déjà trilingue qui pouvait parler anglais, russe et chinois. Ils voulaient l'inscrire dans une filière bilingue pour qu'il puisse être capable de lire et écrire dans au moins deux de ces trois langues.

Certains parents mirent même en avant les avantages culturels qu'en tireraient aussi bien les enfants russophones que les enfants ne parlant pas russe, puisqu'ils auraient la capacité de découvrir par eux-mêmes les trésors de la culture russe au-delà de la langue. La famille de Julia Stoyanovich, fondatrice de la filière bilingue russe, parlait uniquement russe à la maison car Julia et son mari voulaient que leur fils soit capable de comprendre et même de raconter des blagues dans leur langue maternelle. Ils voulaient qu'il puisse communiquer avec ses grands-parents du Queens, de Moscou ou de Belgrade, dont l'anglais était très limité. Beaucoup de familles se considèrent comme des « russes du monde », un terme qui désigne sommairement, un mélange de cultures de langue russe et d'éducation occidentale et suppose un passeport bien tamponné et des opinions occidentales libérales. Ces parents sont persuadés qu'une filière bilingue russe sera plutôt un moyen inestimable de préserver leur identité en transmettant leur langue maternelle et leur culture à leurs enfants.

Le message transmis par ce groupe était à la fois profond et simple : E Pluribus Unum (l'unité dans la diversité).[34] Ils espéraient allier leurs milieux, origines et intérêts multiples pour créer une filière bilingue florissante, tout en partageant leur amour du russe et de la culture de leur pays avec le reste de la communauté. Il n'est pas rare d'entendre du russe dans l'Upper West Side. La ville de New York compte plus de familles russophones que n'importe quelle autre ville des États-Unis. D'après un recensement récent, plus de 200 000 russophones y sont installés. Cela fait du russe la quatrième langue la plus parlée de la ville, après l'anglais, l'espagnol et le chinois.[35] Près de 3 400 enfants parlant le russe à New York sont identifiés comme novices en anglais et répondent aux critères des services d'éducation bilingue. Beaucoup d'autres élèves issus de foyers russophones peuvent intégrer l'école en parlant quelques rudiments d'anglais mais doivent pouvoir lire, écrire et comprendre l'anglais parfaitement par la suite.[36]

La filière bilingue russe pourrait profiter à tous les enfants, peu importe leurs milieux linguistiques, mêmes à ceux parlant uniquement l'anglais. De nombreuses voies insoupçonnées s'ouvriraient à eux, qu'elles soient culturelles, professionnelles ou personnelles. Les fondateurs ne cessèrent d'insister sur leur envie de partager leur langue et leur culture avec d'autres membres de la communauté new yorkaise. Convaincus que la filière bilingue serait un don inestimable à faire à leurs enfants mais aussi à toute la communauté, ils étaient prêts à tout pour faire de leur rêve une réalité.

La lutte vers le sommet

Avant de revenir à nos deux mères russes de Manhattan, il nous faut raconter l'histoire originelle des filières bilingues russes de New York. Cette histoire commence à Brooklyn. C'est là que Maria Kot, parent russophone, milita en faveur d'une éducation bilingue en russe pour sa fille et des centaines d'autres élèves bilingues des filières de P.S. 200 et I.S. 228.[37] Maria organisa des évènements et des réunions dans la communauté, développa des plans d'actions et créa des liens avec d'autres groupes militants, avec les associations de quartier, les familles russes et les agences gouvernementales. Elle est maintenant déléguée parentale de l'Association pour l'éducation bilingue de l'État de New York, où elle peut faire entendre les intérêts des parents issus de différentes communautés linguistiques.

La première interaction de Maria avec la filière bilingue russe survint lors de l'inscription de sa fille en primaire à P.S. 200. Une fois sa fille scolarisée, Maria apprit que la filière allait être supprimée suite à l'arrivée d'un nouveau directeur. De plus, plusieurs groupes minoritaires de l'école se plaignaient que leurs enfants étaient moins bien servis que ceux de la section bilingue. Maria explique la difficulté qu'elle éprouva à convaincre les parents et l'administration de l'importantce d'une telle filière :

> À l'époque, la situation n'était pas la même et l'idée d'une filière bilingue n'était pas la bienvenue. Donc on a dû se battre. Il a fallu engager une bataille avec le Département de l'éducation pour que nos enfants aient droit à une éducation bilingue. Je préfère vous prévenir, cela doit être évité autant que possible car c'est stressant pour tout le monde et vous ne devriez pas avoir à le faire.[38]

Après une bataille juridique exténuante menée contre le Département de l'éducation, Maria et les parents de la filière bilingue russe finirent par obtenir le droit de garder la filière pour sa fille et les autres enfants de la classe.

Leur plaidoyer s'appuyait sur le précédent de *Lau vs. Nichols*, évoqué plus en détail dans le Chapitre Treize sur le droit pour les *English Language Learners* (les enfants novices en anglais) d'avoir accès à une éducation bilingue. Grâce à des documents recensant ces élèves, Maria et son groupe de parents réussirent à préserver la section bilingue russe de Brooklyn. Avec le temps, la filière continua à grandir. Une deuxième section s'ouvrit dans le collège I.S. 228. Cette filière fut beaucoup plus facile à mettre en place que la première grâce à un directeur exceptionnel, comme le décrit Maria :

> Cette fois-là fut bien plus facile, plus calme et plus réussie. J'ai trouvé un directeur qui avait envie d'améliorer son école. Je l'ai contacté et je lui ai expliqué les opportunités que pouvait offrir une filière bilingue à son établissement. Il a fallu plusieurs visites avant qu'il comprenne vraiment l'idée de l'éducation bilingue. Il est ensuite devenu un incroyable soutien du concept. Depuis, il a ouvert une filière bilingue russe et une filière bilingue chinoise. L'année d'après, il a ouvert une filière bilingue en espagnol puis une

> autre en hébreu. À présent, le collège compte quatre filières bilingues. Et maintenant, nous bénéficions du soutien et des encouragements du directeur pour continuer dans cette voie. [39]

De façon incroyable, les efforts de Maria pour développer les filières bilingues russes permirent à d'autres communautés linguistiques d'avoir l'opportunité de faire de même. P.S. 200 fut désignée comme « école modèle de filière bilingue pour l'année scolaire 2015-2016 » par la Chancelière aux écoles de New York, Carmen Fariña. Tous ces accomplissements montrent bien le pouvoir de l'implication des parents. Chaque initiative a le potentiel de transformer le paysage éducatif d'une communauté.

Faire de son rêve une réalité

Pendant ce temps, alors que les filières russes rencontraient un grand succès à Brooklyn, le projet de Manhattan était toujours au point mort. Tous savaient pertinemment que les tentatives passées de créer une filière bilingue russe à Manhattan avaient toutes échoué. Pour Olga et Julia, ce n'était pas une raison suffisante pour abandonner. Au contraire, elles mobilisèrent plutôt de l'intérêt autour de leur appel à l'action et de leur engagement. Julia décrit leur vision :

> C'est notre rêve. Et notre rêve, précisément, est au coin de la rue. Il consiste en la mise en place d'une filière bilingue russe dans l'Upper West Side de Manhattan. Nous voulons une filière bilingue de bonne qualité. Cette filière devrait aider les enfants russophones débutants en anglais à apprendre la langue de façon constructive, sans stress, dans un environnement agréable. Elle doit aussi aider les enfants qui ne parlent pas russe à apprendre la langue, à l'apprécier et y être sensibles, avec nous, avec le reste de la communauté russe et avec le monde. Nous voulons expressément que cette filière soit dans une école primaire publique. Nous pensons qu'elle pourra nous accorder tous les avantages qu'offre la ville de New York : le multiculturalisme, la diversité, l'intégration et la beauté de cette ville que nous appelons volontiers notre maison.[40]

En plus de rassembler leur propre communauté russophone, nos mères imaginèrent une stratégie pour attirer des personnes ne parlant pas russe. Cette stratégie était composée de trois éléments clés : des hommes barbus, des fusées et le *seal of biliteracy*. Avec beaucoup d'humour, Julia décrivit comment la maîtrise du russe ouvrait la voie à la culture du pays et à sa tradition littéraire, dont bon nombre des contributions avaient été apportées par des hommes barbus, à l'instar de Léon Tolstoï, de Tchaïkovsky ou de Tchekhov. La fusée, ode à Spoutnik, faisait référence aux opportunités de carrière et de développement professionnel qu'apportait la langue, dans les domaines politiques, technologiques et scientifiques. Enfin, dans quelques États, y compris celui de New York, le *seal of biliteracy*, un « sceau de double alphabétisation », récompense les lycéens diplômés ayant atteint une excellente maîtrise d'une ou plusieurs langues en plus de l'anglais, accordant ainsi un peu plus de légitimité aux filières bilingues du pays.

La plupart des ingrédients nécessaires à la création d'une filière bilingue réussie dans l'Upper West Side de Manhattan étaient déjà rassemblés le soir de la présentation du cursus à Columbia. Le groupe avait besoin de parents motivés et nombre d'entre eux se tenaient dans le public. Ils avaient besoin de ressources, à la fois du Département de l'éducation de New York et d'autres associations et partenariats externes ; beaucoup de leurs représentants étaient également dans le public, quand ils ne faisaient pas déjà partie des présentateurs. Ils devaient identifier des enseignants hautement qualifiés, et pouvaient y parvenir en travaillant en collaboration avec les écoles. Le dernier ingrédient essentiel était les élèves mais le groupe n'avait pas besoin de s'en préoccuper compte tenu du nombre de parents enthousiastes et engagés présents dans l'assemblée. Néanmoins, les administrateurs rappelèrent aux nouveaux initiateurs de la filière l'importance du respect et de l'intégration à une communauté scolaire déjà établie. Ils les incitèrent à travailler avec les parents de l'école qui pourraient se sentir menacés par ces changements. Caractéristique principale de l'initiative russe, ces mères insistèrent bien sur leur engagement à ne pas créer une bulle isolée au sein de l'école pour les élèves de la filière. Au contraire, elles étaient déterminées à construire une filière qui bénéficierait à toute la communauté scolaire. Cet état d'esprit était indispensable à la réussite de leur filière bilingue. Quand une filière bilingue est fondée sur des notions de respect, d'appréciation et de coopération, alors l'école devient la base sur laquelle une communauté peut prospérer.

Les deux initiatives de filières bilingues russes, l'une à Brooklyn et l'autre à Manhattan, nous présentent des récits contrastés, tout en apportant des conseils similaires. À Brooklyn, d'une bataille judiciaire difficile découla une filière bilingue florissante, un refuge qui accueille et renforce toujours aujourd'hui ces diverses communautés. À Manhattan, l'effort continue afin de trouver un établissement pour établir une section bilingue pour les nombreuses familles russes déjà engagées. À l'heure de l'écriture de ce livre, l'initiative de filière bilingue russe est en discussion avec une école de Harlem qui semble ouverte à une telle proposition. Bien que les projets de Manhattan et de Brooklyn aient suivi des voies différentes, tous deux défendent la diversité et le respect des différences au sein de leurs communautés. Des communautés qui cherchent à promouvoir les langues et les cultures qui les façonnent, tout en les partageant et en les célébrant avec d'autres. Finalement, peu importe que leurs enfants racontent des blagues, dansent dans des ballets ou lisent Tolstoï, ces familles s'appliqueront toujours à préserver leur patrimoine culturel unique dans une ville multiculturelle et à réaliser leurs rêves.

CHAPITRE 6

L'effet domino : la multiplication des filières françaises

Tout commença en avril 2006, quand trois mères déterminées firent irruption dans le bureau de Giselle McGee, à l'école P.S. 58 de Carroll Gardens à Brooklyn, dans l'espoir de la persuader qu'un programme extra-scolaire en français méritait d'être ajouté à son école. À l'instar de ces trois mères, beaucoup de familles francophones du quartier cherchaient à l'époque un moyen d'entretenir le français de leurs enfants en dehors du foyer familial. Elles étaient pourtant loin de se douter qu'en plus d'accepter immédiatement l'idée de programme après les cours, Giselle serait disposée à aller beaucoup plus loin. Leur discussion mena à la création d'une filière bilingue française, la première d'une longue lignée à New York. L'histoire de la filière bilingue en français met en avant le puissant effet domino de la Révolution bilingue. Grâce à la force d'une communauté motivée et engagée, les filières bilingues peuvent se multiplier pour bénéficier à une population toujours plus grande d'élèves bilingues.

L'influence de défenseurs solidaires

Giselle était une enfant parfaitement bilingue jusqu'à ses cinq ans, parlant français chez elle avec sa mère et anglais avec son père. Ce fut seulement quand elle commença la maternelle à Staten Island qu'elle annonça à sa mère qu'elle ne parlerait plus français, puisqu'aucun autre de ses camarades ne connaissait la langue. C'était en 1960, quand les immigrants récemment installés cherchaient surtout à s'assimiler plutôt qu'à préserver leur propre langue. À l'époque, les écoles primaires n'enseignaient pas de langues étrangères. Les enfants ne pouvaient donc pas compléter leur maîtrise de l'anglais avec un programme qui encouragerait leur langue natale s'ils en avaient une. C'est ainsi que Giselle, jeune francophone de cinq ans, perdit sa langue maternelle. Une histoire bien trop courante aux États-Unis à cette époque. Heureusement, l'éducation bilingue prend désormais de nouvelles directions et cherche à inverser cette tendance.

C'est avec son propre passé en tête que Giselle, devenue maintenant directrice d'école, fonda la filière française de P.S. 58 en 2007. La rencontre bénéfique de Giselle et de trois mères (Catherine Poisson, Anne-Laure Fayard et Mary-Powel Thomas) ouvrit la voie à bien d'autres initiatives visant à reproduire leurs efforts. D'autres parents se réunirent et s'organisèrent jusqu'à devenir une « masse critique », recevant le soutien et l'engagement de nombreuses familles. Tout cela mena à la création de filières bilingues à New York mais aussi dans d'autres villes des États-Unis au cours des dix dernières années. Le succès ininterrompu de la filière de P.S. 58 encouragea ces parents à contacter des écoles pour leur proposer une filière semblable et à s'investir dans la perpétuation des efforts déjà menés pour les filières bilingues françaises. À ce jour, éducateurs et chercheurs du monde entier voient cette filière comme un exemple parfait de ce que devrait être l'éducation bilingue du XXIème siècle.

Alors que d'autres communautés de la ville commençaient à entendre parler de la réussite de P.S. 58, une synergie croissante émergea entre différentes associations et institutions. Parmi celles-ci, les Services culturels de l'Ambassade de France, plusieurs associations à but non lucratif et philanthropiques, des médias francophones locaux[41] et Éducation en Français à New York, une association de bénévoles dont la mission est d'offrir des activités extra-scolaires et des programmes bilingues dans les écoles publiques de la ville. Cette synergie encouragea la multiplication du nombre de filières bilingues françaises à travers la ville en un laps de temps très court. Elle sema les graines de ce qu'on appellerait bientôt la « Révolution bilingue française ».[42]

L'option des écoles publiques

Propulsée par l'intérêt croissant pour l'éducation en deux langues au sein de la communauté francophone, cette révolution se conjuguait à la nécessité de mieux soutenir les familles francophones dépendantes du système scolaire public. En 2012, j'estimais que 120 000 personnes à New York parlaient français à la maison. Parmi ces familles, on comptait 22 000 enfants évoluant dans un foyer francophone, soit de quoi remplir plus de 50 écoles bilingues supplémentaires.[43] Dans la métropole new yorkaise, les familles francophones expatriées, aussi bien que les familles américaines ou internationales intéressées par l'éducation française et ayant les moyens de payer une école privée, ont la possibilité de choisir entre plusieurs offres d'excellent niveau. Des établissements bien ancrés, comme le Lycée Français de New York, la United Nations International School, le Lyceum Kennedy, la French-American School of New York à Larchmont, l'International School of Brooklyn, l'École Internationale de New York, la French American Academy et la French American School of Princeton offrent une éducation bilingue de grande qualité qui suit un programme reconnu, conforme aux normes pédagogiques françaises. Ces écoles permettent aux familles, moyennant des frais de scolarité, de profiter des avantages et des opportunités offerts par une éducation bilingue. Leurs enfants reçoivent une éducation solide et maîtrisent l'anglais et le français à un niveau très élevé.

Au début des années 2000, la région de New York vit affluer un nombre considérable de jeunes familles francophones n'ayant pas les moyens de payer les frais de scolarité requis par ces écoles. Au même moment, plusieurs quartiers de Brooklyn, d'Harlem, du Queens et du Bronx témoignèrent d'une croissance régulière de leurs populations francophones, avec des immigrants d'Europe et du Canada mais aussi d'Afrique et des Caraïbes. Ces nouveaux immigrants avaient pour espoir de préserver les compétences de leurs enfants en français tout en les aidant à s'accommoder à leur nouvelle vie aux États-Unis. Par conséquent, la demande pour les filières bilingues françaises augmenta massivement. Une hausse engendrée également par la présence de francophones, passés souvent inaperçus aux yeux des autorités scolaires car nombre d'entre eux venaient d'arriver et parlaient aussi d'autres langues comme le wolof, le bambara ou le créole, et étaient identifiés en tant que locuteurs de ces langues. Par ailleurs, les filières bilingues françaises ont particulièrement la cote auprès des familles américaines et internationales dont la première langue n'est pas le français, séduites par l'idée de donner une éducation bilingue pour leurs enfants.

Cultiver la révolution

Les filières ayant ouvert leurs portes en 2011 à P.S. 110 à Greenpoint et à P.S. 133 à Boerum Hill reçoivent des centaines de demandes d'inscription chaque année, bien qu'un nombre réduit de places soit disponible dans les filières bilingues en français des écoles maternelles. Ces programmes ont été lancés par des parents francophones, certains nés aux États-Unis, d'autres au Canada ou en France. La majorité des candidats viennent de familles anglophones qui n'ont aucun lien culturel ou linguistique avec la France. Dans d'autres écoles de Brooklyn, comme P.S. 20 à Clinton Hill ou P.S. 03 à Bedford-Stuyvesant, les filières bilingues en français ont même été initiées par des parents américains ne parlant pas français ou par des éducateurs voulant aider les familles défavorisées originaires de pays francophones.

Des parents motivés comme Virgil de Voldère et Susan Long, un couple franco-américain qui voulait que ses deux fils soient complètement bilingues et bilettrés, eurent l'idée de lancer un projet qui se solderait par la création d'une filière bilingue en français dans l'Upper West Side de Manhattan en 2008. Virgil explique les débuts de sa propre initiative :

> Ma femme, Susan, émit l'idée d'une filière bilingue en français. On s'est tous retrouvé pour commencer à organiser l'ouverture de la filière à la rentrée prochaine de septembre. C'était en février. En mai, nous avions déjà rassemblé des informations d'une centaine de familles du quartier. Et Robin Sundick (à l'époque directrice de P.S. 84) travailla avec sa hiérarchie pour s'occuper de toute la paperasse. En septembre, par miracle, nous avions une filière en maternelle et en CP. Ce que je dis à tous les parents francophones, et surtout à ceux qui viennent de France et qui sont habitués à un système scolaire régi par l'État, c'est qu'en Amérique ils peuvent vraiment changer les choses. Ils peuvent organiser, proposer et ils ont le droit de voir leur langue maternelle parlée à l'école.[44]

Pour accomplir une telle entreprise, Virgil et Susan demandèrent de l'aide à un autre parent de l'école, Talcott Camp, avocate spécialisée dans les droits civiques, mère de deux enfants et francophile qui voulait que ses enfants deviennent bilingues. Elle devint plus tard la présidente de l'association Éducation en Français à New York. Voici comment elle explique sa participation au projet :

> J'étais intéressée par l'apprentissage des langues mais la vraie raison pour laquelle je voulais que mes enfants intègrent une filière bilingue, c'était que je ne voulais pas qu'ils grandissent en ne parlant qu'une seule langue. C'est tellement dommage. Je voulais qu'ils grandissent avec plus d'une langue, rien que pour la richesse du multilinguisme et la perspective que cela leur apporterait en

> politiquement, culturellement et même intellectuellement. On aurait adoré une filière bilingue française mais il ne m'est jamais venu à l'esprit que cela pourrait réellement se faire. C'est vraiment Virgil qui a dit : « pourquoi pas ? ». La directrice de l'époque, Robin Sundick, lui a dit : « si tu me trouves assez de familles francophones, alors je le fais ». Et c'est là que le travail a commencé.[45]

Comme promis, Virgil, Susan et Talcott présentèrent le nombre d'enfants nécessaire à la réalisation de leur projet d'immersion française. L'école choisie, P.S. 84 The Lilian Weber School, est une pionnière en matière d'éducation bilingue en espagnol, et put faire appel à sa structure administrative bilingue déjà en place pour permettre l'ouverture rapide et efficace de la filière française en septembre 2008. Aujourd'hui, environ 250 élèves venus d'Europe, du Canada, des Caraïbes et d'Afrique bénéficient de cette filière. Ils sont tous complètement bilingues et bilettrés en sortant du CM2 avec une compréhension solide des cultures francophones et américaines. Le succès remarquable de cette filière bilingue française fut possible grâce à une poignée de parents qui présentèrent cette idée à une directrice d'école, sondèrent l'opinion du quartier, dessinèrent des affiches, tinrent des sites internet à jour et organisèrent des journées portes ouvertes.

Depuis septembre 2007, quatorze écoles publiques de New York ont ouvert des filières bilingues françaises, dont dix qui opèrent toujours. Les quatre filières à avoir finalement fermé ont échoué à cause d'une mauvaise organisation ou d'un changement dans la direction de l'école ; des obstacles importants à franchir pour l'instauration d'une éducation bilingue. Parmi les *success stories*, on compte sept filières bilingues en écoles primaires, réparties dans des écoles publiques de Manhattan et de Brooklyn et une école publique sous contrat de Harlem, la New York French-American Charter School. Trois collèges permettent de poursuivre le cursus bilingue en français jusqu'au 8ème grade, équivalent de la quatrième : M.S. 51 à Park Slope, M.S. 256 dans l'Upper West Side et la Boerum Hill School for International Studies à Brooklyn. Ce dernier est actuellement en train d'appliquer un nouveau modèle qui fusionnera à terme le programme du Baccalauréat International avec celui de la filière bilingue, créant ainsi un lycée public unique en son genre aux États-Unis. Il prévoit d'accompagner les élèves de la filière bilingue de la Sixième jusqu'à la Terminale avec, à la clé, un diplôme de Baccalauréat International en français renforcé.

Alors que de plus en plus d'élèves ayant commencé la filière bilingue en maternelle arrivent maintenant au lycée, il est vital que ces écoles puissent garantir la continuité de leur éducation, à la fois en anglais et en français. Les filières bilingues françaises de la ville de New York accueillent actuellement plus de 1700 élèves et, comme des familles ont déménagé, se sont désinscrites et que des filières ont fermé, on estime qu'elles ont servi au moins le double de ce chiffre depuis l'ouverture de la première filière en 2007. De plus, 7000 élèves supplémentaires pourraient bénéficier de ces filières d'ici 2020, si l'élan actuel continue d'être soutenu par de nouveaux directeurs d'écoles, par les membres des diverses communautés et par les parents.

Croissance et succès

Malheureusement, la Révolution bilingue française est ralentie, non pas par manque d'intérêt mais à cause du manque de locaux. Par conséquent, on compte plus de familles (francophones ou non) ayant été refusées que de familles ayant été acceptées dans une filière bilingue française. Le nombre de places disponibles dans les écoles de la ville reste très limité. Ces limitations se traduisent par une compétition féroce entre les candidats à ces écoles. Heureusement, c'est un problème qui peut être résolu. En créant des partenariats avec d'autres écoles et en impliquant davantage de parents, le développement des filières bilingues françaises rendra ces dernières plus accessibles à New York et au-delà.

Mais l'espace dans les écoles n'est pas le seul problème qui freine le développement des filières bilingues. Alors que le nombre de filières en français ne cesse d'augmenter, le besoin en enseignants qualifiés se fait lui aussi de plus en plus pressant. Une préoccupation souvent conjuguée à la difficulté des écoles de recruter des enseignants bilingues compétents, aux qualifications nécessaires, prêts à travailler dans le public alors que les écoles sont souvent incapables d'accorder des permis de travail aux enseignants étrangers. Actuellement, la plupart des candidats aux postes d'enseignants bilingues sont Américains ou disposent d'une carte verte. Un diplôme en éducation bilingue est souvent nécessaire et il est obligatoire d'avoir une certification de l'État de New York pour pouvoir enseigner dans une école publique. Trouver suffisamment d'enseignants qualifiés est donc difficile et ralentit la mise en place de nouvelles filières. Pour répondre à ce besoin, l'université de Hunter College à Manhattan, qui propose un master d'éducation bilingue en espagnol depuis 1983, a ajouté à son programme un module spécifique à l'éducation bilingue francophone. Pour inciter les étudiants à s'inscrire dans ce programme, ainsi qu'à d'autres Masters d'éducation bilingue de la ville, la Société des professeurs français et francophones d'Amérique a mis en place une nouvelle bourse, encourageant la formation de nouveaux enseignants.[46] Les bourses et les diplômes de ce type jouent un rôle essentiel à la durabilité des filières bilingues.

A la question des enseignants qualifiés s'ajoute le manque de matériel scolaire adapté, en particulier les livres nivelés par compétences linguistiques pour chaque discipline. Ces besoins sont souvent satisfaits grâce à des levées de fonds organisées au sein de l'école. Des parents compétents dans ce domaine et habitués à gérer des campagnes de levée de fonds d'envergure contribuent régulièrement à la collecte de dons. Une équipe menée par plusieurs parents joua d'ailleurs un rôle clé dans la campagne menée par les Services culturels de l'Ambassade de France et son partenaire, la Fondation FACE [47], pour établir un fonds à l'échelle de la ville et aider les nombreux enfants francophones, en particulier ceux des quartiers défavorisés du Bronx, du Queens et de Brooklyn, à bénéficier d'une scolarité bilingue.[48] Cette initiative s'est désormais transformée en un programme à l'échelle nationale, le *French Dual Language Fund*, sous la direction de Bénédicte de Montlaur, Conseillère culturelle de l'Ambassade de France. Son objectif est de créer un réseau de filières bilingues et d'immersion en français durable, ancré fermement dans le paysage éducatif américain. Inauguré par le Président de la République, Emmanuel Macron, le fonds a reçu le soutien de généreux donateurs, de fondations, de grandes sociétés et d'institutions publiques. Certaines organisations sont même devenues d'ardentes défenseuses des filières bilingues de New York telles que le French Institute Alliance Française, le Comité des associations françaises, l'Alfred and Jane Ross Foundation, la Délégation générale du Québec ou encore les Sénateurs représentant les Français de l'étranger.

Jane Ross, une experte en éducation comparative et internationale et ancienne enseignante d'anglais au Lycée français de New York, a joué un rôle majeur dans la mise en place du *French Heritage Language Program*, porté par l'Ambassade de France et la Fondation FACE. Ces dix dernières années, le programme a soutenu des centaines de jeunes immigrants francophones récemment arrivés aux États-Unis en les aidant à préserver et enrichir leur patrimoine linguistique et culturel tout en s'intégrant à la société américaine. Il propose des cours de français gratuits dans un réseau de lycées publics qui accueille les nouveaux migrants, le réseau scolaire *International Network for Public Schools.*[49] Le *French Heritage Language Program* utilise le français comme outil pour faciliter l'intégration des jeunes à l'école et dans la société américaine. La plupart des élèves inscrits dans ce programme viennent d'Afrique de l'Ouest et d'Haïti. Grâce à un soutien scolaire et extra-scolaire, le programme aide ces élèves à améliorer leur niveau de français écrit et oral, puis à accélérer leur maîtrise de l'anglais. Faire partie du programme leur permet aussi de gagner des crédits universitaires en passant des examens de niveau avancé. Dans l'ensemble, plus de 3000 élèves de la maternelle à la Terminale ont bénéficié du *French Heritage Language Program* depuis sa création en 2006. Le programme fait désormais partie intégrante de l'éducation francophone à New York ; il est un partenaire important pour les filières bilingues en plus de tenir un rôle clé dans la Révolution bilingue Française.

La synergie des filières bilingues en français de New York illustre parfaitement le rôle clé joué par les parents et les éducateurs dans le développement de telles filières, ainsi que l'effet d'entrainement qu'ils exercent sur tous les acteurs de la communauté. Ces derniers apportent à leur tour leur aide et contribuent à l'effort de multiples façons. Ces exemples sont la preuve qu'une communauté linguistique peut unir ses forces et mettre en place des campagnes de levées de fonds pour répondre aux besoins des écoles, tout en créant des partenariats innovants quand les enjeux sont trop coûteux ou complexes pour les parents.

Force est de constater que des milliers d'enfants ont pu bénéficier de ces efforts conjoints, portés par des individus dévoués à la cause de l'éducation bilingue dans les écoles publiques de New York. L'espoir est grand pour que des milliers d'enfants additionnels puissent également en profiter dans un futur proche. L'histoire de l'initiative francophone de New York symbolise tout ce que la Révolution bilingue a à offrir : créer des filières bilingues de qualité au sein des écoles publiques pour servir tous les enfants, peu importe leur origine, leur milieu linguistique ou socio-économique. Si la Révolution bilingue continue de se répandre aussi vite, qui sait jusqu'où elle pourra aller ?

CHAPITRE 7

Vaincre les préjugés : les filières bilingues en arabe de la ville

La première filière bilingue arabe-anglais de la ville de New York fut mise en place à la Khalil Gibran International Academy, une école publique de Brooklyn qui ouvrit ses portes à soixante élèves de Sixième en septembre 2007. Khalil Gibran, dont l'école porte le nom, était un artiste, poète et écrivain libano-américain, membre de la New York Pen League. Gibran est arrivé aux États-Unis quand il était enfant et a vécu à Boston avec sa famille, où il était inscrit dans une classe spéciale pour les immigrants. Là, il fut capable de maîtriser la langue anglaise tout en maintenant un arabe courant. Gibran devint finalement une figure littéraire célébrée et estimée dans les deux langues, et fut reconnu comme le champion de la compréhension interculturelle, incarnant l'esprit de l'éducation bilingue à ce jour.

La Khalil Gibran International Academy fut la première école publique aux États-Unis à proposer un cursus bilingue anglais-arabe mettant en avant l'étude de la langue et de la culture arabophones. Elle obtint de nombreux soutiens dont ceux du *Lutheran Medical Center*, de l'*American-Arab Anti-Discrimination Committee* et de l'*Arab-American Family Support Center*. Sa fondatrice, Debbie Almontaser, fit tout son possible pour créer une école bilingue basée sur les besoins de la communauté. L'école devait commencer en Sixième et se poursuivre jusqu'à la fin du lycée pour permettre aux enfants de devenir réellement bilingues et biculturels.[50]

Les arabophones, représentant un groupe aux religions et opinions politiques variées, voulaient offrir une éducation à la fois en arabe et en hébreu. Cependant, ce modèle se révéla trop ambitieux pour être réalisable, surtout lorsqu'on prend en compte toutes les normes de l'éducation publique de l'État de New York. En fin de compte, le groupe décida de changer son objectif premier pour le développement d'une filière bilingue arabe qui défendrait les valeurs d'inclusion et de pluralisme. L'école avait été imaginée comme un bon moyen de promouvoir la tolérance, alors que l'islamophobie et le racisme se faisaient de plus en plus sentir.[51]

L'échec et les leçons qu'on en tire

Malheureusement, la filière bilingue de la Khalil Gibran International Academy ne survécut pas aux attaques de la presse et de plusieurs groupes qui plaidaient contre elle. Malgé sa mission clairement écrite et argumentée, l'Academy devint la cible des hostilités. Une manifestation fut même organisée devant la mairie de New York par un groupe appelé « arrêtez la madrassa ». Pancartes en main, plusieurs personnes se postèrent devant l'école plusieurs jours d'affilée, manifestant contre la section bilingue et craignant un soi-disant endoctrinement des enfants à l'idéologie radicale islamiste.

Ces réactions, découlant du contexte post-11 septembre, nuisaient déjà aux institutions arabes et musulmanes de New York. Le New York Times les désigna comme « un mouvement organisé pour faire barrage aux citoyens de confession musulmane qui voudraient jouer un rôle plus important dans la vie publique américaine ». [52] La filière en arabe présentait pourtant des résultats scolaires probants, l'école poursuivant ses efforts pour développer le cursus bilingue. Cependant, en 2007, la ville arrêta de soutenir l'école et contraint sa directrice, Debbie Almontaser, à démissioner, en pleine tourmente médiatique, malgré l'engagement citoyen de celle-ci et sa contribution au dialogue interreligieux new-yorkais. Plus tard, un procès assigné par l'*Equal Employement Opportunity Commission* jugea qu'Almontaser avait été victime de discrimination de la part du Département de l'éducation de New York. La Khalil Gibran International Academy fut néanmoins contrainte d'abandonner sa filière bilingue. Une bien triste fin donnée aux efforts de sa directrice.

Aujourd'hui devenue une nouvelle communauté scolaire, la Khalil Gibran International Academy perpétue le message de paix de Gibran. Elle est passée d'un collège, pour les élèves de la Sixième à la Quatrième, à un lycée, pour les élèves de la Troisième à la Terminale. Voici sa mission :

> Développer, soutenir et former de jeunes élèves toute au long de leur vie en leur apportant les outils qui leur permettront de comprendre les multiples perspectives culturelles, tout en leur

> donnant envie d'apprendre et d'aspirer à l'excellence et à l'intégrité. L'école veut promouvoir un enseignement holistique de l'élève et l'encourager dans son développement social, émotionnel, physique et intellectuel… Avec nos partenaires, nous nous consacrons à apporter un soutien centré sur l'élève, ainsi qu'un environnement d'apprentissage collaboratif où nos élèves peuvent exploiter pleinement leur potentiel pour devenir des citoyens du monde responsables qui marqueront la socitété qui les entoure.[53]

L'école continue son programme d'arabe mais non sous la forme d'une filière bilingue. Les élèves ne sortiront peut-être pas de l'école en parlant couramment l'arabe mais ils auront tout de même acquis des compétences qui leur permettront de mieux aborder les opportunités professionnelles qui se présenteront à eux par la suite, par exemple dans les secteurs du commerce ou des relations internationales.

Bien que l'histoire de la Khalil Gibran Academy ait tout de même des aspects positifs, puisque la filière a pu voir le jour au lycée, les populations arabophones continuent d'être prises pour cibles et marginalisées. Parmi les Arabo-Américains et les arabophones, la peur de la discrimination est très présente aux États-Unis depuis le 11 septembre. Ils sont souvent présentés sous des aspects négatifs dans les médias et systématiquement perçus de façon suspicieuse, simplement à cause de leurs origines linguistique et ethnique, ou de leur apparence physique.[54] Ils sont d'ailleurs souvent catégorisés comme musulmans alors que la plupart d'entre eux sont en fait des chrétiens ou des adeptes d'autres religions. Les différends et les attaques de toutes sortes ne cessent d'avoir lieu, bien que les autorités gouvernementales et les agences fédérales s'efforcent de recruter de plus en plus d'arabophones pour des postes d'interprètes et de traducteurs, entre autres. Cette attention très majoritairement défavorable est source de tensions, de malaises et de désarroi au sein de la communauté arabo-américaine, comme l'explique Zeena Zakharia, maître de conférences en éducation internationale et comparative à l'université du Massachusetts à Boston :

> Je pense en effet que la situation politique n'est pas la même pour les communautés arabes. Cela aura des conséquences. Les gens ne veulent pas se faire remarquer, ne veulent pas causer d'ennui et ne savent pas si demander quelque chose équivaut à chercher des problèmes.[55]

Cette nervosité est palpable parmi les personnes qui parlent arabe en public et même à la maison entre parents et enfants. Souvent, les familles préfèrent que leurs enfants n'apprennent même pas l'arabe, comme le confirme Zeena :

> L'arabe n'est pas une langue au statut noble. Les politiques autour de l'arabe sont très difficiles. Ce n'est pas facile. Même au Liban, où j'étais directrice d'une école bilingue, je rencontrais des parents qui revenaient des États-Unis avec leurs enfants pour vivre au Liban en disant : « je ne veux pas que mon enfant apprenne l'arabe ».[56]

L'érosion de la langue arabe que décrit Zeena aux États-Unis et dans le reste du monde est déconcertante. Comme nous avons pu le constater chez d'autres communautés linguistiques, la peur de la discrimination et le profond désir d'assimilation sont des forces puissantes qui vont à l'encontre du bilinguisme en Amérique. Face à l'adversité, l'arabe est devenu la dernière victime dans la longue liste des langues aux États-Unis qui ont succombé à la pression grandissante, basée sur des préjugés sociaux et ethniques.

La renaissance

Heureusement, certains parents et professionnels de l'éducation ont réussi à réduire quelque peu ces préjugés et l'apprentissage de l'arabe à New York semble désormais renaître. En 2013, Carol Heeraman fut contactée par le Bureau des apprenants de l'anglais au Département de l'éducation de New York au sujet de la création d'une filière bilingue dans son école, P.S./I.S. 30, à Brooklyn. Elle pensa immédiatement à l'arabe comme langue cible de la filière puisque la grande majorité des élèves de son école parlaient arabe chez eux. Des familles du Yémen, d'Égypte, du Liban et de Syrie s'installaient dans le quartier et, par conséquent, le besoin d'offres bilingues arabes dans les écoles publiques se faisait plus pressant parmi les Arabo-Américains et les arabophones du quartier. La création de cette filière par Carol Heeraman eut des retours enthousiastes de la part des parents puisque la langue arabe était déjà perçue de façon positive et bien assimilée dans l'école et la communauté. La filière ne fut donc pas difficile à vendre. Plus important encore, la directrice et l'équipe administrative n'avaient aucun préjugé au sujet de l'arabe et connaissaient bien le potentiel que la langue avait à offrir dans la préparation des élèves à de futures réussites.

En créant la filière bilingue arabe-anglais, P.S./I.S. 30 eut l'opportunité de s'associer à la Qatar Foundation International, une association dédiée à l'enseignement de la langue et de la culture arabes. L'école et la fondation travaillèrent ensemble pour faire de la filière bilingue un effort collectif.[57] Ce partenariat permit d'apporter les financements, l'organisation du programme et le matériel nécessaire au lancement du projet.[58] Ils donnèrent de la légitimité à l'initiative, partageant volontiers leur expertise sur l'éducation en arabe. La fondation apporta également les fonds nécessaires pour engager une consultante, Mimi Met, experte de l'immersion linguistique. Par ailleurs, l'administration de l'école visita l'Association arabo-américaine (située non loin de l'école, sur *Fifth Avenue* à Brooklyn) dont la mission était de « soutenir et valoriser la communauté immigrante arabe et arabo-américaine en offrant des services pour les aider à s'habituer à leur nouvel environnement et à devenir des membres actifs de la société, avec pour objectifs l'indépendance, la productivité et la stabilité. »[59] Linda Sarsour, une palestino-américaine à l'époque directrice de l'Association et militante reconnue, désirait impliquer son propre réseau pour mettre en valeur et développer la filière bilingue. Ces partenariats permirent à la section arabophone de bénéficier des fonds qui lui étaient nécessaires et du soutien de la communauté, deux éléments clés de son succès.

Malgré les préjugés et l'intolérance qui entourent aujourd'hui la communauté arabophone, savoir parler arabe est un atout particulièrement valorisé au niveau professionnel, surtout aux États-Unis. Dans le contexte de l'après 11 septembre, de nombreux métiers nécessitent une connaissance de l'arabe pour répondre à l'augmentation des opportunités professionnelles liées au monde arabe. Aux États-Unis, même si ce sont les universités qui connaissent la plus forte croissance dans les cours de langue arabe, l'avantage d'apprendre une langue à un plus jeune âge reste indéniable, renforçant l'intérêt pour les filières bilingues dans cette langue.[60]

En effet, parler couramment l'arabe permet de distinguer les candidats en compétition lors des processus d'admission aux grandes universités, d'obtenir des bourses ou d'accéder à des programmes d'excellence. La connaissance de la langue et de la culture arabes a pour avantage de permettre un meilleur accès aux carrières dans le commerce, la diplomatie, le journalisme, la défense, les politiques publiques et bien d'autres domaines.[61] L'arabe connaît actuellement un développement rapide aux États-Unis, avec plus d'un million d'Américains parlant arabe à la maison.[62]

La directrice Carol Heeraman précise néanmoins que de nombreuses familles intéressées par la filière arabophone parlent une autre langue à la maison, comme le russe ou le chinois, du fait du paysage multiculturel du quartier de l'école. Ces familles perçoivent la section bilingue comme une passerelle pour améliorer la scolarité de leurs enfants, à l'image des classes spéciales pour élèves surdoués qu'on retrouve partout aux États-Unis. L'instruction de l'arabe accède ainsi au statut qu'on lui a si souvent refusé par le passé. Désormais, les familles du quartier ne ratent pas l'occasion de voir leurs enfants maîtriser une deuxième, voire une troisième langue.

Définir la mission

Au cours de son développement, la filière bilingue arabe a dû répondre à un certain nombre de questions posées par des parents et des membres de la communauté qui demandaient une définition plus précise et plus claire du cadre de la filière. D'abord, l'éducation en langue arabe est souvent vue comme une façon de mieux participer aux traditions religieuses islamiques, comme la lecture du Coran dans sa langue originale. Pour certains parents non-arabophones de confession musulmane, ce fut en effet une des raisons qui les poussa à inscrire leur enfant dans la filière. Par conséquent, beaucoup de parents eurent peur que la filière mette l'accent sur la religion plutôt que sur la langue, alors que l'instruction avait lieu dans une école publique. Carol Heeraman rassura immédiatement les parents, leur expliquant que l'école n'avait rien à voir avec la religion et que sa mission était purement éducative. Son but soigneusement conçu était de soutenir le développement d'élèves bilingues et bilettrés en anglais et en arabe. Bien insister sur sa mission aida la filière à surmonter les doutes persistants ou les suspicions qui avaient eu un effet négatif sur les filières bilingues arabe-anglais par le passé.

Après des mois de collaboration et de planification, la filière bilingue arabe de P.S./I.S. 30 ouvrit ses portes en septembre 2013. Le programme était conçu sur le modèle d'une journée coupée en deux ; les cours du matin enseignés en arabe, ceux de l'après-midi en anglais, ou l'inverse. Actuellement, la filière court de la maternelle au CE2 et une nouvelle classe est ajoutée chaque année, au fur et à mesure que la promotion d'origine s'agrandit. Carol Heeraman, également à la tête du collège I.S. 30, prévoit de proposer la filière bilingue arabe jusqu'à la fin du collège.

Pour toutes les personnes impliquées, l'importance avérée de l'arabe en tant que langue internationale a aidé à la popularité de P.S./I.S. 30 au sein de la communauté, comme le confirme Carol Heeraman :

> Les parents instruits et au fait de ce qu'il se passe dans le monde y sont tout à fait ouverts. Ils sont prêts à tout pour inscrire leurs enfants dans la filière. L'année prochaine, on espère pouvoir ouvrir deux classes de maternelle au lieu d'une seule. Rien que pour avoir la flexibilité de mélanger les enfants parce que, vous savez, c'était aussi un problème pour nous qui continuerait jusqu'à la fin du collège. J'ai tellement hâte de diplômer ces bébés qui sont en CE1. Les faire devenir des élèves de Quatrième complètement bilingues et bilettrés. Ce sera incroyable. On organisera une remise de diplômes entièrement en arabe. C'est phénoménal. Et tout cela, c'est possible. [63]

Cette vision du futur créée et perpétuée par la directrice Heeraman est une véritable source d'inspiration. Sa direction et son zèle continuent d'influencer les vies de tous les enfants et de toutes les familles qui suivent la filière et qui ont eu la chance d'apprendre et de grandir avec deux langues.

Malgré de récentes épreuves et revers, la communauté arabophone de New York est parvenue à établir avec succès une filière bilingue en arabe dans une école primaire ainsi qu'un lycée doté d'un apprentissage renforcé en arabe. Une grande partie de cette réussite résulte du soutien sans faille des administrateurs scolaires, des fondations privées et des associations communautaires locales. Ce sont ces partenariats qui ont permis l'existence de la filière ; ils ont été d'une importance cruciale dans le climat politique actuel. Le récit de la filière bilingue arabe vient compléter de façon tout à fait nécessaire mais aussi quelque peu inattendue, l'histoire de la Révolution bilingue. Il dépeint de manière saisissante l'importance de la collaboration entre divers acteurs associatifs et du rôle joué par chacun. Cette fois-ci ce ne sont pas les parents arabophones qui sont à l'origine du projet, bien qu'ils restent très impliqués dans la filière bilingue en contribuant à sa réussite et en prenant part activement aux activités de l'école. On dit qu'élever un enfant requiert les efforts de tout un village. Pour la filière bilingue arabe de New York, il fallut bien un village pour lui permettre d'entamer sa propre Révolution bilingue.

CHAPITRE 8

Célébrer la culture : la filière bilingue de la communauté polonaise

Le quartier de Greenpoint au nord de Brooklyn, abrite la première filière bilingue polonais-anglais de New York. Elle fut ouverte en septembre 2015 à P.S. 34 avec une classe de maternelle et prévoit de s'étendre chaque année en ajoutant une nouvelle classe. Depuis plus d'un siècle et demi, P.S. 34 est considérée comme une institution du quartier de Greenpoint, un quartier connu pour sa grande communauté polonaise-américaine qu'on surnomme souvent la « petite Pologne ». Selon certains rapports, elle représente la plus grande concentration de personnes parlant polonais aux États-Unis après Chicago,[64] de nombreux polonais s'y étant installés à la fin du XXème siècle.[65] Manhattan Avenue est le cœur de cette Petite Pologne. On y trouve des magasins de viandes polonaises avec des ficelles de kielbasa, des boulangeries vendant du pain polonais et des babkas et des supermarchés aux rayons remplis de cornichons polonais, de confitures, de sachets de soupe et de choucroute. Avec l'implantation de la filière bilingue polonaise, P.S. 34 a renoué avec la riche histoire de Greenpoint, un symbole de la Révolution bilingue à Brooklyn.

Le lancement d'une filière bilingue dans un quartier historiquement et culturellement polonais de Brooklyn était un évènement important, à la fois pour la communauté polonaise et pour la ville plus généralement. Lorsque la filière fut officiellement présentée l'année dernière, parents, autorités locales et municipales et même diplomates étaient présents. Des quotidiens locaux polonais étaient également sur place pour couvrir l'événement.[66] La directrice du District 14, Alicja Winnicki, elle-même immigrante polonaise et ancienne proviseure, félicita la directrice Carmen Asselta, les enseignants et les parents impliqués dans l'ouverture de cette filière au cœur de Greenpoint. Urszula Gacek, Consule Générale de Pologne à New York, loua la nouvelle offre bilingue que proposait l'école. Compte-tenu de sa propre histoire (fille d'immigrants polonais, née en Angleterre, élevée à Oxford, devenue sénatrice polonaise et membre du Parlement Européen), la Consule Générale Gacek expliqua : « je n'imagine même pas ne pas soutenir la filière bilingue polonaise ». L'inauguration de la filière constitua un grand moment de fierté pour tous ceux impliqués dans son ouverture, l'aboutissement des efforts de parents engagés, d'éducateurs et d'acteurs de la communauté.

La force des parents

Selon Carmen et Alicja, c'est aux parents de l'école que revient tout le mérite de la concrétisation de la filière. En 2014, voyant les autres filières bilingues offertes en espagnol, en chinois et en français, un groupe de parents enquêta pour savoir si les familles de la communauté seraient prêtes à inscrire leurs enfants dans une filière bilingue polonaise. Chiffres en main, ils contactèrent Carmen et lui demandèrent d'envisager une filière bilingue en polonais. Julia Kotowski se souvient :

> L'idée est née de mères polonaises assises dans le parc. Une d'entre elles a raconté qu'il existait une loi qui permettait de créer une filière bilingue dans une école. Quelques-unes d'entre nous se sont réunies, ont fait quelques recherches et écrit des lettres à la directrice, Carmen Asselta, pour lui expliquer notre envie d'ouvrir une telle filière. Nous avons alors rencontré Alicja Winnicki, la directrice du district, qui a proposé l'idée au Département de l'éducation.[67]

De nombreuses filières bilingues commencent par une campagne qui prend forme dans la communauté parentale, comme l'illustrent les différents récits des chapitres précédents. En ce qui concerne le projet de filière bilingue polonaise à Greenpoint, les parents reçurent un soutien extraordinaire de la part de la responsable du district scolaire ainsi que de l'équipe administrative et pédagogique de P.S. 34. Afin d'assurer la réussite de cette entreprise, les chefs d'établissements rencontrèrent plusieurs délégués du bureau des apprenants de l'anglais pour leur exposer les données recensées sur le nombre d'élèves de Greenpoint ayant droit aux services bilingues, ainsi que le nombre de familles intéressées par la filière. Le projet fut bientôt lancé et, avec l'aide de la communauté et du système scolaire, put se matérialiser très vite.

Une filière bien définie

La filière bilingue de P.S. 34 cherche à fournir un cursus éducatif rigoureux en polonais et en anglais, à la fois aux anglophones débutants et aux élèves maitrisant déjà l'anglais. Les élèves sont intégrés linguistiquement, dans des classes composées d'élèves pour qui l'anglais est la langue maternelle et d'autres pour qui c'est le polonais. Elizabeth Czastkiewicz, enseignante de polonais dans la filière bilingue de maternelle, explique les avantages d'une telle composition de classe :

> Les enfants sont nés ici et la majorité d'entre eux parle polonais à la maison. Ceux qui ont des frères et sœurs ont tendance à parler anglais quand ils sont chez eux mais maintenant les parents mc racontent que, quand ils rentrent, ils parlent polonais. Cela fait plaisir à entendre que l'anglais n'est plus la langue prédominante. Ils ont bien plus confiance en eux maintenant. Ils peuvent rentrer chez eux et montrer ce qu'ils ont appris. À cet âge, en grande section de maternelle et en CP, les enfants veulent montrer à leur famille et à leurs parents, « regardez ce que j'ai appris ! Voilà ce que j'apprends. » Lcs parents attendent ça. C'est très important de leur faire prendre confiance en eux pour qu'ils n'aient pas peur de se tromper.[68]

Cette structure permet aux enfants de mieux maîtriser leur première langue et de pouvoir un jour transférer ces compétences à leur deuxième langue. On attend des élèves qu'ils soient capables de comprendre, parler, lire et écrire dans les deux langues à la fin de la filière bilingue en CM2. Pour être sûre que ses élèves y parviennent, Elizabeth élabore tous les programmes avec ses collègues de la filière monolingue afin de s'assurer que chaque élève atteigne les objectifs et les attentes académiques et linguistiques des deux langues. Un moyen de leur garantir un brillant avenir en tant qu'individus bilingues, bilettrés et biculturels.

Des techniques d'apprentissage basées sur l'expérience et la pratique sont également incorporées en classe par le biais de lectures à voix haute, de chansons, de travaux pratiques mais aussi grâce à des sorties scolaires et des découvertes multiculturelles en dehors de la salle de classe. Carmen décrit un exemple de ce genre d'activités enrichissantes :

> Le projet Madlenka est quelque chose auquel le district a pris part mais chaque école développe ses projets en fonction du caractère de

> l'école ou de la mission de leur enseignement. Dans notre école, j'ai laissé chaque classe choisir un projet qui représenterait et mettrait en avant le livre Madlenka. L'ouvrage glorifie le multiculturalisme et la richesse du quartier de Madlenka. Cette petite fille se promène dans son quartier et rend visite à ses voisins, et chacun d'entre eux représente une partie du monde différente. Mes classes de maternelle ont décidé de construire des maisons et de recréer le quartier de Madlenka mais à Greenpoint. C'est comme ça que cette classe a choisi d'interpréter le livre, avec notre quartier, en célébrant la richesse de l'atmosphère multiculturelle de Greenpoint.[69]

Pour ce projet, certains enfants de la filière bilingue polonaise représentèrent des boulangeries, des magasins et des maisons ornées du drapeau, de symboles, d'ornements et d'images de figures nationales polonaises. En célébrant leur patrimoine dans un quartier multiculturel qu'ils peuvent appeler le leur, les enfants eurent l'occasion d'exprimer leur fierté pour la culture polonaise.

Ceci dit, même les élèves qui n'étaient pas d'origine polonaise se montraient enthousiastes et totalement impliqués dans ce genre d'activités. Ces enfants ont aussi beaucoup à gagner du programme polonais. De plus en plus de familles sans origine polonaise s'intéressent à la filière bilingue. Carmen décrit son évolution et les raisons pour lesquelles elle attire différents groupes de parents :

> Cette maternelle est très intéressante. Désormais, cinq familles qui n'ont aucune origine polonaise ont choisi cette filière polonaise. Je trouve ça très intéressant parce que maintenant il y a cinq familles qui voient le polonais comme une option, simplement parce qu'elles veulent exposer leurs enfants à cette langue. Quand ils arriveront, ils ne parleront peut-être que quelques mots, ou rien du tout. Les parents veulent ce que j'appelle la « lutte productive ». Quand on arrive sans rien connaitre, qu'on lutte, et qu'on en ressort en ayant accompli quelque chose, c'est ça que j'appelle la lutte productive. Ces familles veulent cette lutte productive pour leurs enfants.[70]

Désormais, la liste d'attente de l'école est longue et il faut être patient si on veut intégrer la filière bilingue polonaise en maternelle. Malgré le plafond d'admissions, certaines familles sont même prêtes à inscrire leurs enfants dans les classes d'éducation générale dans l'espoir de les faire basculer dans la filière bilingue en CP. Comme c'est souvent le cas pour les filières bilingues, la demande est devenue plus forte que l'offre, significativement limitée en termes de ressources et d'espaces. Heureusement, la filière bilingue a de quoi s'étendre pour mieux répondre aux besoins de sa communauté en expansion.

Différentes façons de préserver notre patrimoine

En plus de la filière bilingue, des programmes périscolaires du soir ou du samedi sont proposés pour préserver l'identité culturelle et linguistique de la communauté polonaise. Pendant longtemps, l'école du samedi était un moyen suffisant d'y parvenir aux yeux des familles polonaises de New York qui voulaient que leurs enfants soient complètement plongés dans une classe anglophone. Alicja Winnicki, la directrice du district, explique les différentes perceptions des parents à l'égard de ces deux programmes :

> Pendant longtemps, même quand j'étais directrice de P.S. 34 où plus de cinquante pourcent des élèves venaient de familles où l'on parlait polonais, les parents ne voulaient pas d'une filière bilingue. Ils voulaient seulement que leurs enfants apprennent l'anglais le plus vite possible. La communauté polonaise envoyait ses enfants dans les écoles publiques pour apprendre l'anglais et pour pouvoir réussir ici. Le patrimoine polonais, la culture, la langue… C'était le rôle de l'école du samedi. Ce n'est que récemment que la tendance a commencé à s'inverser, avec les familles beaucoup plus jeunes. Ce sont les jeunes générations qui veulent que leurs enfants aient l'opportunité d'intégrer une filière bilingue et puissent apprendre deux langues simultanément.[71]

Ce changement d'attitude se solda par une nouvelle vision des filières bilingues polonaises et des ateliers du samedi, ainsi que de leur capacité à travailler ensemble pour mieux profiter à la communauté. Julia Kotowski, à l'origine de la filière bilingue polonaise de P.S. 34, explique :

> L'école du samedi enseigne la culture et l'histoire polonaise. C'est quelque chose qu'ils n'auront pas ici, pas à ce niveau-là. C'est quelque chose qu'on nous apprenait à l'école, quand on était en Pologne. Donc ce n'est pas du tout un remplacement, c'est plutôt un ajout, un autre niveau. C'est un avantage supplémentaire que de parler deux langues à l'école.[72]

Les parents se rendirent compte que l'école du samedi était un moyen très efficace de préserver les liens avec leur héritage culturel. La filière bilingue, elle, offrait à leurs enfants la possibilité d'améliorer leur maîtrise de l'anglais et du polonais, de façon structurée et continue. Ainsi, les deux institutions polonaises-anglaises se complètent, en offrant un cursus culturel et linguistique rigoureux et global pour les familles polonaises.

Résultats positifs

La filière bilingue polonaise accueille à bras ouverts des enfants issus de milieux très variés. Pour la communauté polonaise de New York diversifiée et robuste, la filière réunit aussi bien des familles récemment arrivées que des familles d'immigrants de deuxième, troisième ou quatrième génération cherchant à renouer des liens avec leurs racines. Carmen décrit la composition et les réussites de sa filière :

> Nous avons des parents qui sont polonais de première génération et d'autres qui sont nés ici ou qui ont immigré quand ils étaient bébés, sans aucun souvenir de leur vie en Pologne. Nous avons aussi des enfants dont les grands-parents sont polonais mais n'ont jamais appris la langue. Ils ont maintenant l'occasion d'apprendre leur langue familiale et de le faire à l'école. [73]

La capacité qu'ont les filières bilingues à rapprocher différentes générations par le biais de l'éducation est une de ses plus importantes caractéristiques. Grâce aux filières bilingues, les liens distants ou inaccessibles des membres d'une même famille peuvent se renouer de façon inouïe. Pour les familles, en particulier dans les communautés immigrantes, cela permet de nouvelles possibilités pour préserver les relations entre générations et permettre aux enfants de mieux connaître leurs coutumes, leur culture et leur ascendance.

La filière bilingue a surtout renforcé les liens d'une communauté polonaise déjà soudée. La communauté active, les commerces et les centres culturels se sont montrés d'incroyables soutiens de l'initiative bilingue, participant activement au façonnement d'une nouvelle génération de Polonais-Américains. Voici comment Alicja décrit les liens qui l'unissent à ses origines polonaises :

> Nous avons un sentiment fort d'appartenance et des liens solides avec notre histoire, avec nos épreuves en tant que nation et c'est ce qui nous a maintenus unis. Je me rends souvent à la librairie

> polonaise de Greenpoint, simplement pour rester en contact avec tout cela et me plonger dans la littérature, dans la culture et dans la poésie. Ma fille avait l'habitude d'écouter son père réciter de longs poèmes qu'il connaissait par cœur. Elle a été exposée aux racines qui nous rattachent à ce que nous sommes. Cela fait partie de notre héritage et je sais à quel point cela compte pour la communauté polonaise.[74]

Le témoignage émouvant d'Alicja souligne l'importance de l'expérience vécue d'une culture ou d'un héritage. De tendres moments perdus dans la littérature ou même une discussion avec sa famille et ses amis jouent un rôle extrêmement important dans la façon dont chaque famille, chaque enfant, chaque individu ressent sa propre culture.

La communauté de Greenpoint a la chance d'avoir réussi à préserver et célébrer ses racines polonaises ; un exemple de mode de vie multiculturel pour le reste du pays et du monde. La filière bilingue polonaise est un témoignage de la fierté que la communauté ressent pour son patrimoine et de son désir de transmission de ses traditions culturelles et linguistiques. Les communautés multiculturelles en plein développement sont d'excellents partenaires pour les filières bilingues qui génèrent à leur tour des élèves bilingues et biculturels. Ensemble, quartier par quartier, ces partenariats posent les fondations d'une Révolution bilingue durable qui soutient des héritages linguistiques précieux et enrichit les communautés, une école après l'autre.

CHAPITRE 9

Ouvrir la voie : les pionniers de l'éducation bilingue en espagnol

L'espagnol est la deuxième langue la plus parlée à New York. C'est la langue maternelle de près d'un quart des new-yorkais. Par conséquent, nombre d'anciennes et de nouvelles filières bilingues de la ville sont en espagnol et en anglais. Elles fleurissent souvent dans des quartiers qui comptent beaucoup d'apprenants de l'anglais. La portée de ces filières va bien au-delà des seuls hispanophones, recrutant des élèves de différents milieux et aux aptitudes linguistiques multiples. La Révolution bilingue espagnole est le précurseur de la Révolution et plus de 10 000 enfants sont aujourd'hui inscrits dans une filière espagnol-anglais à New York. La réussite des filières bilingues actuelles, nous la devons en grande partie à l'action de ceux qui ont travaillé à faire démarrer les filières espagnoles, ainsi qu'à la créativité et au dévouement d'éducateurs et d'administrateurs. Leur façon d'inclure les sections bilingues pour qu'elles servent mieux la communauté hispanophone est à la fois source d'inspiration et de motivation, illustrant bien le chemin parcouru par l'éducation bilingue au cours des dernières décennies.

Comment tout a commencé

Il est tentant d'imaginer que les filières bilingues ne sont qu'une création récente. Cependant, l'assurance d'être bilingue, bilettré et biculturel, offerte par les filières actuelles, ressemble beaucoup à ce que les militants et les éducateurs portoricains imaginaient déjà dans les années 1960, alors qu'ils faisaient campagne pour les premières section bilingues. C'est ce qu'explique Ofelia García :

> L'éducation bilingue, si elle est bien organisée, correspond exactement à ce que les communautés portoricaines espéraient au

> tout début pour leurs enfants. Ces parents réclamaient une éducation véritablement bilingue, peu importe les caractéristiques linguistiques.[75]

Toutefois, même si ces premiers militants réclamaient une filière bilingue qui permettrait à leurs enfants de grandir avec les deux langues, ce n'est pas ce qu'ils obtinrent au début. L'histoire de l'éducation bilingue à New York et aux États-Unis est chargée de batailles politiques et sociales qui se sont traduites par des résultats différents dans les salles de classe. Ce débat sur ce qu'est ou ce que devrait être l'éducation bilingue est toujours d'actualité et s'accompagne souvent de discussions mouvementées sur les questions d'immigration et d'intégration aux États-Unis. Ofelia García décrit les tensions sous-jacentes d'autrefois et ses conséquences sur l'éducation bilingue :

> L'éducation bilingue à l'époque n'était pas du tout ce qu'elle est aujourd'hui : dans ces années-là la ville était en grande partie portoricaine. Ces visionnaires voulaient une filière bilingue qui s'occuperait de tout le continuum bilingue de la communauté ; pas seulement de ceux qui ne parlaient pas anglais. Les programmes mis en place perdirent rapidement de leur intérêt pour la communauté qui avait désormais appris l'anglais et ne répondait plus aux critères de ces filières. Il y a toujours eu des tensions autour de ce que les communautés voulaient, ce que les autorités scolaires étaient prêtes à leur donner et, quand tout ce mouvement bilingue commença, sur la prise de conscience des familles et le sentiment qu'elles éprouvaient d'être laissées de côté.[76]

Plutôt que d'offrir des filières qui s'appuieraient sur les capacités en anglais et en espagnol de ces élèves, les cursus proposés aux familles étaient largement destinés à promouvoir le monolinguisme et l'apprentissage de l'anglais. Ces filières étaient offertes uniquement aux élèves qui avaient des difficultés en anglais et utilisaient l'espagnol seulement comme outil d'apprentissage de l'anglais. Nombre d'enfants hispanophones, nés aux États-Unis et qui avaient déjà une connaissance de l'anglais, s'en retrouvaient donc exclus.

Néanmoins, la tendance était en train de s'inverser dans le secteur de l'éducation bilingue. Des études étaient publiées soulignant les bienfaits de l'éducation en deux langues. Certains militants du bilinguisme accédèrent à des postes de pouvoir au sein des districts scolaires et des administrations de

New York plaçant les questions bilingues à l'ordre du jour. Carmen Dinos, enseignante d'éducation à la retraite, pionnière en matière d'éducation bilingue, a réussi à créer les premiers programmes bilingues des écoles publiques de New York dans les années 1960. Elle raconte cette expérience à un tournant de l'histoire de l'éducation bilingue :

> Vers la fin du mouvement des droits civiques, le Bilingual Office fut développé comme un bureau du Département de l'éducation, avec Hernan LaFontaine (ancien proviseur de P.S. 25, dans le Bronx, la première école bilingue) comme directeur. Il devait couvrir toute la ville sur le plan politique. C'est là que j'ai compris à quel point l'éducation était étroitement liée à la politique. Le domaine prospérait et en même temps, de plus en plus de chercheurs canadiens étaient en train de prouver les bienfaits de l'éducation bilingue. D'un coup, ce n'était plus une lubie. On avait la preuve concrète que c'était bien pour les enfants.[77]

Les administrateurs scolaires commençaient alors à prendre part à la nouvelle mode des filières à deux langues (*dual language*) qui se développait dans le pays, écartant habilement le mot *bilingue* (*bilingual*), à l'époque chargé de préjugés négatifs. Ofelia García décrit la logique d'un directeur fondateur et sa stratégie d'implantation de filières similaires dans son école :

> À l'époque, il y avait quelques grands noms. Parmi ceux-ci, Sid Morrison, le directeur de P.S. 84. Au milieu des années 1980, Sid Morrison, et c'est tout à son honneur, commença à dire : « ce qu'on connaît ne marche pas, la communauté a changé, elle n'est plus seulement monolingue hispanophone, elle est en pleine gentrification et il faut que nous ayons une filière pour toute personne qui voudrait rejoindre notre programme ». Afin de se distinguer des autres filières bilingues de transition, il pensa à ce terme de « dual-language » qui commençait vraiment à gagner du terrain dans le pays.[78]

Cette stratégie fonctionna. Avec l'aide d'éducateurs, d'administrateurs et de parents engagés, les filières bilingues de New York purent être lancées avec aujourd'hui 45 écoles et plus de 10 000 élèves qui y sont inscrits, de la maternelle au lycée.

Actuellement, l'administration de Carmen Fariña au Département de l'éducation s'est concentrée de façon inédite sur le développement de l'éducation bilingue. La Chancelière adjointe aux écoles, Milady Baez, décrit la philosophie de l'administration en place :

> Nous comprenons que l'éducation bilingue a un passé aux États-Unis, une histoire. Pas toujours très positive d'ailleurs. Nombre de personnes ont dû lutter. Nous avons dû convaincre les parents que leurs enfants avaient besoin de recevoir une éducation dans plus d'une langue. Nous savons que les enfants ont le potentiel et les capacités de transférer leurs connaissances d'une langue à l'autre. Nous savons que quand nos élèves parlent plus d'une langue, ils réussissent mieux que ceux qui n'en parlent qu'une.[79]

Ce genre de soutien universel de l'éducation bilingue, au plus haut niveau administratif, est incroyablement influent. Ces leaders détiennent la clé qui mène à la création de centaines de filières bilingues.

Milady, elle-même hispanophone, a des des liens profonds, personnels, au secteur de l'éducation bilingue. Incapable de comprendre la langue utilisée dans sa classe à son arrivée aux États-Unis étant enfant, Milady Baez devint finalement enseignante bilingue à New York et plus tard, directrice d'une école de Jackson Heights, dans le Queens. Là, elle put créer ce qu'elle appela « l'école de ses rêves » où elle inaugura des filières bilingues et d'enrichissement en espagnol, pour que « chaque élève et chaque famille se voit offrir l'opportunité d'accéder à la filière éducative qu'il souhaite ».

Actuellement Chancelière adjointe, Milady est en charge de la gestion et de la création de filières pour les apprenants de l'anglais. Elle encourage constamment les parents à se battre pour leur droit à une éducation bilingue dans les écoles publiques. Parfois il suffit simplement de demander pour y parvenir, comme le décrit Milady :

> Notre système éducatif confère beaucoup de pouvoir aux parents. Ces derniers ne savent pas qu'en travaillant ensemble et en réclamant ces filières, les directeurs sont alors tenus de les mettre en place dans leur école.[80]

Les alliances puissantes formées entre les éducateurs et les administrateurs comme Milady commencent souvent grâce à un mouvement de parents et à une simple demande de leur part. La bienveillance de Milady à l'égard de ces filières et des opportunités qu'elles procurent pour les enfants de milieux linguistiques divers, ainsi que son engagement personnel au service des familles, sont un parfait exemple du rôle positif que peuvent jouer les administrateurs dans la Révolution bilingue.

Quelques exemples avérés

Un exemple parmi les nombreuses filières bilingues en espagnol de la ville de New York est celui de P.S. 133 à Brooklyn. Ici, la première classe bilingue de maternelle a ouvert en 2012. Chaque année, la filière se développe au fur et à mesure que le groupe initial grandit, jusqu'à l'aboutissement de la filière en CM2. Compte tenu de la grande diversité du monde hispanophone, les enfants qui participent à la filière de P.S. 133 peuvent puiser dans la relation très ancienne qui unit la communauté hispanique avec la ville de New York, et apprendre de son histoire. La filière suit le modèle 50/50 : cinquante pourcent de ses élèves sont anglophones tandis que les autres cinquante pourcent sont hispanophones. La journée est coupée en deux, avec la moitié des cours en espagnol et l'autre en anglais. L'année dernière, P.S. 133 fut parmi les quinze écoles de New York désignées comme modèles de filière bilingue par la Chancelière aux écoles, Carmen Fariña.[81]

Un autre exemple est celui de l'Amistad Dual Language School, fondée par un groupe d'enseignants et de parents mené par Elia Casto, une éducatrice bilingue, avec l'aide de Lydia Bassett, ancienne directrice de la W. Hayward School, et par New Visions for Public School, une association à but non lucratif qui travaille à revitaliser et à améliorer les écoles publiques de New York. Amistad, ouverte en 1996 au nord de Manhattan, offre à ses élèves de Washington Heights, Hamilton Heights et Inwood une éducation bilingue espagnol-anglais, aussi bien pour les élèves à prédominance hispanophone que pour les anglophones.

Les fondements pédagogiques d'Amistad sont centrés sur l'idée que les élèves apprennent une deuxième langue de la même façon qu'ils apprennent la première. Les enseignants empruntent de nombreuses techniques d'apprentissage de l'anglais langue seconde pour enseigner l'espagnol comme deuxième langue. Celles-ci se sont montrées efficaces, peu importe la première langue de l'enfant. L'école utilise une approche pédagogique multidisciplinaire, en offrant un programme complet en musique, danse, arts visuels et théâtre, en plus des cours habituels. Avec cette méthode éducative basée sur les projets et les expériences, Amistad cultive la créativité et la curiosité intellectuelle de ses élèves tout en leur faisant atteindre la maîtrise des langues et la réussite académique. L'énoncé de la mission de l'école représente leur approche unique de l'éducation bilingue :

> Amistad Dual Language School rassemble une communauté d'élèves qui accepte le parcours unique de chaque individu. Ensemble, nous entretenons un sentiment de responsabilité collective et de solidarité, en célébrant les cultures, les langues et la diversité. Nos enfants grandissent, prêts à satisfaire les attentes académiques et sociales de la communauté dans son ensemble, emportant avec eux la magie de la découverte et le pouvoir de deux langues. Notre politique de répartition des langues varie en fonction des classes pour répondre aux besoins de l'apprentissage académique et de l'usage courant de la langue. [82]

Amistad a reçu cinq étoiles de Great Schools, un site en ligne qui informe sur les performances des écoles du pays. La réussite de l'école, qui diplôme des élèves parfaitement bilingues, est la raison principale pour laquelle les familles s'y intéressent autant. Selon Miriam Pedraja, ancienne directrice de l'école, environ soixante-dix pourcent des hispanophones inscrits dans l'école depuis la maternelle deviennent aussi bons en anglais qu'en espagnol d'ici le CE2. [83]

Cypress Hills Community School à Brooklyn a choisi une approche différente, offrant un programme bilingue en espagnol à tous ses élèves et servant à la fois d'école et de maison de quartier. En 1997, avec l'aide de New Visions for Public Schools, les parents et la *Cypress Hills Local Development Corporation* fondèrent la Cypress Hills Community School, une école publique basée sur un modèle innovant de filière bilingue espagnol-anglais. La forte implication des parents est une des principales caractéristiques de l'école. C'est d'ailleurs une mère, Maria Jaya, qui occupe actuellement le poste de directrice adjointe de l'école. Elle se souvient comment, avec les autres parents, ils se sont battus pour l'éducation de leurs enfants :

> La révolution a commencé il y a trente ans mais le programme n'a vu le jour que dix ans plus tard. Nos enfants étaient dans une prétendue filière « bilingue » mais ces filières étaient très mal conçues, mal préparées. Les enseignants n'avaient pas les bonnes autorisations. Les parents n'avaient pas les bonnes informations. Les enfants n'étaient pas inscrits dans les filières bilingues en fonction de leurs besoins mais seulement à cause de leur nom à

consonance « latino ». Toutes les réunions parentales étaient en anglais, alors on a demandé un traducteur. Enfin ils ont commencé à traduire mais ont envoyé tous ceux qui en avaient besoin au bout de la pièce. Cela mettait une forte pression sur les épaules de ceux qui traduisaient et les parents n'arrivaient pas à donner leurs impressions puisqu'ils étaient réduits à un coin de la pièce. Ce fut notre première bataille : pouvoir participer, pouvoir s'impliquer dans l'éducation de nos enfants. Heureusement, les enseignants s'aperçurent vite que nous étions un groupe de parents qui voulait vraiment changer les choses et ils ont commencé à nous tenir informés.[84]

L'histoire de Cypress Hills fait écho aux épreuves auxquelles furent confrontés les défenseurs de l'éducation bilingue espagnole à New York alors que les parents militaient pour des filières dans les deux langues valorisant leurs communautés. Il fallut ténacité et courage pour réclamer les services et les filières qu'ils voulaient et méritaient, en particulier après des années d'offres éducatives qui ne correspondaient en rien aux attentes de la communauté hispanophone.

Mais les obstacles rencontrés par Cypress Hills ne s'arrêtèrent pas aux salles de classe et aux réunions de parents. Durant les treize premières années, la Cypress Hills Community School opérait dans les bâtiments d'autres écoles, sans avoir ses propres locaux. L'école n'avait pas accès à un gymnase, n'avait pas sa propre bibliothèque ou son auditorium et souffrait de la surpopulation de ses classes. En 2010, l'école s'installa dans un bâtiment flambant neuf ; l'aboutissement de longues années d'efforts et de travail pour les parents, les élèves, la communauté de Cypress Hills et les élus. Finalement, les soutiens de la mairie, du Département de l'éducation et de la School Construction Authority furentt crucial à la création d'un espace qui refléterait les suggestions des élèves, des parents et des enseignants. Ce dévouement et cette persévérance sans faille permirent d'apporter à l'école des programmes appropriés et des classes soigneusement pensées avec des outils technologiques modernes : une serre, un laboratoire, une grande bibliothèque remplie de livres, des espaces dédiés à l'art, une cafétéria style bistrot et un gymnase à usages multiples. [85]

L'école continue de se développer, en offrant différentes opportunités éducatives pour l'approfondissement en deux langues. Le Cypress Hills Learning Center propose trois heures supplémentaires pendant la semaine pour offrir un enrichissement académique novateur et un apprentissage différent de l'art, de la danse, de la musique, des sports, de la résolution de conflits et de soutien académique. L'école coopère également avec des associations comme Young Audiences New York et Brooklyn Queens Conservatory of Music. Les filières et les initiatives de Cypress Hills sont un modèle que tous ceux intéressés par l'éducation bilingue peuvent utiliser pour créer leur propre filière.

Ces filières en espagnol sont une source d'inspiration pour tous les pionniers de l'éducation bilingue. Elles les incitent à repousser les limites en créant de nouvelles opportunités pour que tous les enfants deviennent bilingues ou même plurilingues. Dès leur création, ces filières hispanophones ont ouvert la voie de l'éducation bilingue aux États-Unis. Sans la détermination, l'engagement et la vision de parents et d'éducateurs qui se sont battus pour le droit de créer des filières bilingues ouvertes à tous, la Révolution bilingue n'existerait pas aujourd'hui.

CHAPITRE 10

Viser plus haut : La High School for Dual Language and Asian Studies

Alors que parents et éducateurs de filières bilingues se démènent pour trouver les moyens d'améliorer leurs écoles, de satisfaire les besoins des élèves et de s'opposer à une culture éducative basée sur les notes, nombre de ceux qui travaillent dans ce secteur se demandent sûrement à quoi ressemble la voie idéale. Les filières bilingues se développent souvent organiquement, sans grande uniformité, en « réinventant la roue » pour chaque nouvelle filière. C'est pourquoi il est essentiel de promouvoir le savoir et la création de normes, de fournir des ressources, du matériel scolaire et de s'assurer que les méthodes d'apprentissage concordent avec celles d'une filière bilingue réussie. Pour poursuivre la Révolution bilingue et diminuer la quantité de travail qui accompagne l'implantation de nouvelles offres scolaires, il est tout aussi important d'apprendre des écoles pionnières, de celles qui ont déjà développé leurs propres ressources et ouvert la voie de la réussite.

Un modèle exemplaire

La High School for Dual Language and Asian Studies se révèle être un exemple dont on peut tirer beaucoup de leçons. Fondé en 2003, l'établissement est très compétitif et sa population scolaire comprend à la fois des anglophones et des sinophones. Située au sud de Manhattan, au cinquième étage d'un vieux bâtiment scolaire, l'école compte plus de 400 élèves issus de familles qui parlent anglais, espagnol, bengali et plusieurs dialectes chinois comme le mandarin, le cantonais, le dialecte de Shanghai, celui de la région de Fuzhon ou encore de Wenzou. Le lycée a toujours su prouver l'excellence de ses résultats en anglais et en mathématiques, parmi d'autres matières. Malgré un nombre relativement élevé de jeunes issus de milieux défavorisés, l'école continue de concurrencer les autres dans les classements du pays et de l'État. Ces classements sont réalisés à partir des examens d'État obligatoires et de la préparation des élèves à l'université.[86] Voici comment l'école se décrit dans l'énoncé de sa mission :

> L'école se consacre à apporter aux élèves une éducation et une orientation scolaire de qualité afin de faciliter leur développement social et académique ainsi que leurs capacités linguistiques et leur compréhension des cultures et du monde qui les entourent. [87]

Plus important encore, alors qu'une grande majorité des filières bilingues prennent brutalement fin après le CM2, cette école possède un statut unique en tant que rare lycée des États-Unis à offrir une telle filière.

La High School for Dual Language and Asian Studies fait partie des écoles mises en avant par *Schools to Learn From*, une étude remarquable menée par Stanford University avec l'aide de la Carnegie Corporation of New York. Dans cette étude, les auteurs observèrent en détail la filière bilingue pour comprendre pourquoi cette école en particulier réussit aussi bien à préparer ses élèves à l'université et au monde du travail. À travers leurs entretiens avec les élèves, les parents et les éducateurs, les chercheurs mirent en avant « l'engagement inlassable de la communauté scolaire au service des élèves et l'attention apportée à leurs points forts et leur besoins ».[88]

L'éloge que les auteurs de l'étude font de l'école accorde une légitimité toute particulière aux efforts considérables de la communauté scolaire qui s'est imposée comme un acteur majeur dans ce projet d'éducation bilingue. L'éthique de travail partagée par tous et les actions entreprises collectivement pour encourager la réussite des élèves ont propulsé l'école sur la scène nationale et internationale, un aboutissement des efforts des éducateurs et des familles.

La naissance d'une filière unique

Ron Woo est Professeur de droit de l'éducation et consultant au NYU Metropolitan Center for Research on Equity and the Transformation of Schools. C'est à lui que l'on doit le développement de la High School for Dual Language and Asian Studies, sous la direction du Chancelier aux écoles de l'époque, Joel Klein. Ron raconte :

> En 2003, le Chancelier m'a demandé de l'aider à mettre sur pied un programme novateur. J'ai suggéré un lycée bilingue. L'école est aujourd'hui installée au Lycée de Seward Park, qui était à l'époque un grand lycée aux résultats médiocres. Nous étions au début de l'administration Bloomberg, et ils fermaient en masse ce genre d'établissements aux mauvaises performances. Mais voilà le problème : ils créaient des petites écoles et oubliaient d'en créer une pour les nombreux immigrants chinois qui étaient à Seward Park. Alors on s'est réunis et on s'est dit : « pourquoi ne pas essayer une filière bilingue en chinois ? ». Cela permettrait d'y inscrire la population immigrante chinoise ; d'autres suivraient pour y apprendre le chinois comme langue étrangère.[89]

L'école pour les immigrants chinois bénéficia du soutien total du Chancelier. Ce fut la première école de ce genre dans le pays. L'équipe fondatrice fut chargée d'identifier les ressources nécessaires à la création de l'école et dut rencontrer le China Institute of America[90] et l'Asia Society[91] à New York, qui aidèrent au développement du programme scolaire. L'équipe embaucha Li Yang, le proviseur actuel, qui transforma leur concept en ce qui est aujourd'hui la High School for Dual Language and Asian Studies.

Les difficultés de l'ouverture

L'école est un des établissements précurseurs du secteur de l'apprentissage linguistique dans l'enseignement secondaire. Ce type de lycées offre un programme académique rigoureux de préparation à l'université mais surtout une continuation multilingue cruciale pour les filières qui existent déjà en primaire ou au collège. Maintenant que la High School for Dual Language and Asian Studies a réussi et que sa réputation n'est plus à faire, peu de gens se souviennent de la difficulté de convaincre les familles de s'y inscrire lorsque l'école ouvrit ses portes. Le proviseur Li Yan raconte :

> Les gens doivent s'habituer à l'idée qu'une école est nouvelle ! Les parents disaient : « votre école vient d'ouvrir, pourquoi est-ce que j'y inscrirais mes enfants ? Vous n'avez rien à me montrer ». J'ai rencontré bien des difficultés parce que des parents ne voulaient pas nous envoyer leurs enfants. Les trois ou quatre premières années ont été très dures. Les gens voulaient des résultats mais je n'avais rien à leur donner. C'était un jeu où il fallait tout le temps convaincre. Tout ce qu'on faisait à l'école, tous les progrès, on s'assurait que les parents en entendent parler. On a même demandé à chaque enfant de présenter son travail, et cela a permis d'en convaincre beaucoup. Enfin, ils ont commencé à inscrire leurs enfants. Quatre ans après que la première promotion ait été diplômée, on a vraiment commencé à avoir une bonne réputation. [92]

On apprend beaucoup en regardant le chemin parcouru par l'école. Les remarques de Li Yan soulignent un phénomène important qui vient souvent freiner la création de filières bilingues : la peur de l'inconnu. Une peur de plus en plus présente au fur et à mesure que les élèves grandissent, en particulier au lycée. Les familles s'inquiètent alors de choisir la bonne école, celle qui préparera au mieux leurs enfants pour entrer dans les meilleures universités. Cependant, chaque réussite de filière bilingue diminue progressivement cette peur, les parents découvrant les innombrables bienfaits de l'éducation bilingue. Comme le prouvent Yan, ses collègues, ses élèves et les familles, la High School for Dual Language and Asian Studies est un succès incontestable.

Un programme culturel et linguistique

Contrairement aux autres villes, la candidature dans les lycées de New York se fait grâce à un système de vœux, par lequel chaque collégien peut choisir jusqu'à douze écoles à partir d'une liste fournie par le Département de l'éducation. Les élèves n'ont pas besoin de savoir déjà parler chinois et anglais puisqu'il y a deux filières dans l'école, celle pour les anglophones et celle pour les sinophones. C'est pour cela que certains élèves commencent leur immersion linguistique très tard. Ron Woo décrit les objectifs ambitieux de la filière :

> Le modèle était construit sur l'idée qu'en sortant du lycée, les élèves

> seraient complètement bilingues. Ceux qui commenceraient sans notion de chinois auraient quatre ans pour apprendre la langue. Les sinophones, eux, seraient déjà bilingues ou perfectionneraient leur anglais s'ils sont immigrés. Une fois dans leur deuxième année, on pourrait déjà les voir cohabiter dans les mêmes classes. Il y a un spectre de niveaux de langue, qui crée bien sûr quelques tensions mais je pense qu'on tient quelque chose.[93]

Comme le souligne le professeur Ron Woo, cette transition rapide du monolinguisme au bilinguisme est un objectif noble, bien qu'assez difficile par moments. Permettre à des lycéens de maîtriser une langue qu'ils ne commencent à étudier qu'au lycée, comme c'est le cas à la High School for Dual Language and Asian Studies, est un exploit incroyable.

Qu'ils soient sinophones ou anglophones, les élèves sont tous issus de milieux très différents. Certains sont nés en Chine, sont allés en primaire et au collège là-bas avant de déménager aux États-Unis pour finir leur éducation au lycée. D'autres sont nés aux États-Unis, sont ensuite partis en Chine durant leur enfance avant de retourner aux États-Unis pour poursuivre leur scolarité. Ces deux groupes ont déjà de bonnes notions de chinois. Les élèves anciennement considérés comme des apprenants de l'anglais viennent eux aussi de milieux linguistiques et culturels variés, et parlent désormais couramment anglais.

L'établissement compte également des élèves dont la langue maternelle est l'anglais et qui ne parlent pas un mot de chinois en arrivant à l'école. Ceux-là souhaitent intégrer la filière parce qu'ils s'intéressent à la langue et à la culture chinoises, et à la volonté de l'école de former des élèves bilettrés.

La High School for Dual Language Studies offre à ses élèves un programme aux multiples facettes. En plus des autres matières, chaque enfant apprend le mandarin pendant quatre ans, dans le cadre d'une classe d'arts plastiques ou d'une classe de chinois comme deuxième langue. Ceux pour qui l'anglais était la langue maternelle ont davantage d'heures de cours de chinois par jour, afin de s'assurer qu'ils soient prêts à passer les examens linguistiques requis (Chinese Regents et AP Chinese Exam), en plus des cinq autres examens nécessaires à l'acquisition du diplôme du New York State Regents. Enseignants, conseillers d'orientation et parents délégués travaillent ensemble pour aider les élèves à choisir leurs cours et apporter un soutien additionnel aux élèves en difficulté.

La plupart des élèves viennent de familles qui ne sont installées aux États-Unis que depuis une dizaine d'années, si ce n'est moins, et beaucoup d'entre eux sont dans des situations financières difficiles. La réussite académique de ces élèves nécessite plus d'attention et de ressources, puisque la barrière de la langue reste présente et qu'ils doivent s'adapter à une nouvelle culture. Pour les aider et soutenir leurs familles, tout le contenu scolaire est fourni à la fois en anglais, en chinois, en bengali et en espagnol. En plus de cela, le proviseur, le secrétaire, le conseiller d'orientation et certains enseignants, qui sont tous bilingues, peuvent traduire tout matériel fourni par l'école, qui ne serait pas accessible dans les deux langues.

L'école propose un parcours d'excellence, en mettant l'accent sur un programme académique rigoureux en anglais et en chinois pour les élèves de milieux culturels et socio-économiques variés. Thalia Baeza Milan, qui est aujourd'hui en Première au lycée, parlait déjà anglais et espagnol en arrivant de Guyane il y a trois ans. Elle a voulu tirer profit de cette occasion pour apprendre le chinois à la High School for Dual Language and Asian Studies, ce qu'elle décrit ainsi :

> Cette expérience m'a aidée à apprécier et comprendre différentes cultures, à affronter les défis qui se présentaient à moi comme quand je mélange les mots « poulet frit » et « acrobate ». Je sais comment surmonter ces difficultés et je sais comment être à l'aise dans un environnement qui m'est complètement étranger. C'est quelque chose qui me sera utile toute ma vie. [94]

Thalia décrit ici cette « lutte » productive que constitue l'apprentissage d'une nouvelle langue, lutte qui finit par être appréciée et estimée par beaucoup d'élèves bilingues. Ce procédé, à la fois difficile et amusant, comme le démontrent les confusions linguistiques de Thalia, permet un apprentissage intensif, un engagement authentique de l'élève avec les différentes composantes de la compréhension orale et écrite, processus qui peut servir à l'élève au quotidien dans d'autres situations.

L'école familiarise également les élèves avec différentes cultures asiatiques, même si elle reste essentiellement tournée vers la Chine. Quand les élèves ne participent pas aux différents programmes scolaires, ils peuvent s'inscrire aux clubs de l'école, qui vont de l'informatique au badminton. Afin d'avoir le meilleur dossier pour l'université, ils ont aussi de nombreuses occasions de gagner des crédits universitaires, de visiter les campus et de postuler à des bourses.

Certains élèves sont inscrits au programme de l'école du samedi qui leur sert de soutien scolaire. Le programme prévoit des cours d'éducation physique et des cours supplémentaires d'anglais comme deuxième langue, suivis chaque semaine par 150 élèves.[95] Il offre également aux élèves un espace partagé pour les devoirs ou les projets auxquels ils ne peuvent pas toujours accéder de chez eux. Cette approche s'est montrée très efficace pour améliorer les résultats académiques et pour impliquer les élèves dans la vie de l'école.

Impact sur le long terme

Pour la Révolution bilingue en général, il y a beaucoup à apprendre de l'histoire de la High School for Dual Language and Asian Studies. Imaginez simplement le champ de possibilités qui émanerait des filières bilingues au lycée, perpétuant l'incroyable travail déjà effectué par les écoles primaires et les collèges, au service de populations d'élèves complètement bilingues. Le potentiel de ces filières de lycée n'a pas de limite et le cas de la High School for Dual Language and Asian Studies n'est qu'un début.

Il n'y pas de raison d'interrompre la Révolution bilingue après l'école primaire. Au contraire, en encourageant l'ouverture de filières bilingues au collège et au lycée, nous donnons à nos enfants la chance de devenir des individus plurilingues accomplis, prêts à entrer dans la vie estudiantine et professionnelle avec tous les outils pour réussir. L'histoire de la High School for Dual Language and Asian Studies est celle d'un succès inédit qui peut être reproduit dans les lycées du pays et du monde entier. La Révolution a le pouvoir d'améliorer la vie des enfants, bien au-delà de l'adolescence et de la vie de jeune adulte. C'est à nous de nous assurer qu'ils aient l'opportunité d'en bénéficier.

CHAPITRE 11

Feuille de route pour créer sa propre filière bilingue

Le chapitre suivant propose une feuille de route à destination des parents qui voudraient créer leur propre filière bilingue dans une école publique. L'idée centrale de cette feuille de route, et même de ce livre, est que les parents ont le pouvoir de changer les choses au sein de leur communauté, en créant une filière bilingue dans leur quartier. Ces filières peuvent améliorer les écoles et valoriser les communautés de façon indéniable, grâce aux efforts des groupes de parents. Les informations présentées dans les pages suivantes aideront les parents à s'organiser, à construire des propositions solides et à inciter d'autres à rejoindre leurs initiatives.

La feuille de route suggère un chemin que parents et éducateurs peuvent suivre. Elle détaille de nombreux procédés nécessaires à l'instauration d'une filière : organiser des réunions d'information, former des groupes de bénévoles, convaincre les directeurs et les enseignants, développer des stratégies pour sonder la communauté et identifier les familles potentiellement intéressées et enfin travailler efficacement avec tous les acteurs du projet pour le faire décoller. Une version abrégée peut aussi être trouvée dans l'appendice du livre et téléchargée depuis son site officiel.[96] Le livre offre une liste non-exhaustive de suggestions et de stratégies. Il est presque impossible de tenir compte de toutes les différences qui existent entre les différents districts scolaires et les communautés linguistiques. C'est pour cela que j'encourage les parents à créer leur propre feuille de route, en l'adaptant aux besoins de leur communauté. La feuille de route originelle, qui est l'inspiration de ce livre, a été écrite il y a presque dix ans par des parents à l'intention des parents pour partager une approche couronnée de succès, dans l'espoir que d'autres la suivent et instaurent leur propre filière bilingue dans une école publique. [97] Bon nombre de groupes de parents et d'initiatives qui ont inspiré la feuille de route originelle sont présentés dans les études de cas de ce livre.

La feuille de route est divisée en trois étapes. La première étape propose diverses façons de créer un noyau de familles intéressées (une base familiale) en s'adressant à la communauté et en organisant des comités. La deuxième étape s'intéresse au développement d'un argumentaire solide en faveur d'une filière bilingue, à présenter à une école potentielle. Enfin, la troisième étape se concentre sur la mise en place et l'organisation d'une filière bilingue qui pourra être une réussite dès le premier jour d'école.

Première étape : s'adresser à la communauté

Création d'une base de familles intéressées

La formation d'une base de familles intéressées est le premier pas vers la création d'une filière bilingue. Le projet étant initialement porté par les parents, il est vital de développer un groupe solide de familles qui soient prêtes à inscrire leurs enfants dans une filière bilingue mais aussi à soutenir l'entreprise tout au long de son avancée, avec ses hauts et ses bas. À partir de ce moment, vous pouvez vous considérer comme un entrepreneur avec une passion pour le multilinguisme, un engagement pour l'éducation publique, prêt à vous rapprocher de dizaines, si ce n'est de centaines d'individus de votre communauté, afin de créer cette base.

Si vous vous lancez dans ce projet avec une langue cible déjà en tête, l'étape suivante est de trouver des parents qui partagent ce même intérêt. Vous pouvez commencer par créer un noyau de parents que vous connaissez et en qui vous avez confiance. Des parents qui partageront votre vision, même si leurs enfants ne profitent pas directement de cette initiative. Un bon exemple de l'efficacité de ce « noyau » est celui du projet de filière bilingue en japonais présenté dans le Chapitre Deux, qui reflète l'importance de l'engagement et de l'expertise des parents.

Les parents qui suivent cette feuille de route s'attendent généralement à une toute nouvelle filière bilingue qui irait de la moyenne ou grande section de maternelle jusqu'au CM2. Cette portée peut varier en fonction des ressources de votre école, ou de l'organisation des niveaux de classes dans votre district. Certains parents ont une vision sur le long terme et cherchent à faire en sorte que leur projet continue au collège et même au lycée. Il est en effet important de voir que ces filières ont le potentiel de grandir, de s'étendre naturellement au collège et au lycée, comme l'ont montré les exemples espagnol, chinois et français présentés dans les chapitres précédents.

Si vous n'avez pas de langue cible en tête en débutant ce projet mais que vous êtes intéressé par la filière bilingue comme moyen d'instruire vos enfants, il est préférable de vous renseigner sur le patrimoine linguistique de votre communauté afin d'estimer le soutien que vous pourriez recevoir. Comprendre les nuances culturelles sur lesquelles s'appuiera une communauté pour juger de votre proposition est primordial. L'identification de partenaires et d'autres entrepreneurs éducatifs au sein de la culture cible facilitera le projet en le présentant sous un angle favorable et lui donnera plus de chances d'être accepté par la communauté. L'initiative japonaise décrite dans le Chapitre Deux, par exemple, s'est appuyée sur cinq mères dont deux Japonaises qui servaient de lien avec la communauté japonaise. Leur compréhension des normes culturelles et des traditions des familles qu'elles cherchaient à recruter leur permit de faire des choix stratégiques cruciaux. Ce fut particulièrement utile aux administrateurs de l'école et aux autres membres du projet qui ne parlaient pas le japonais ou connaissaient mal la culture du pays.

Le groupe japonais a bien saisi qu'il était nécessaire d'inclure la compréhension biculturelle dans la présentation d'un programme ou l'offre d'un service. Ils communiquaient à la fois en japonais et en anglais avec les familles intéressées. Ils prenaient le temps d'expliquer le système éducatif américain et ses avantages aux parents japonais récemment arrivés, ainsi que ses ressemblances et différences avec le système scolaire du Japon. Grâce à ces échanges, ils essayaient de répondre à toutes les questions, le plus ouvertement et le plus honnêtement possible. La capacité du groupe à apporter divers points de vue au débat en dit long sur leur volonté d'inclusion et de respect des milieux culturels de chacun de ses membres. Dans ce cas précis, la sensibilité culturelle fut la clé de la réussite des phases de recrutement et d'implantation du projet.

En tant que parent, vous pouvez aussi vous adresser à votre communauté en annonçant publiquement (grâce aux réseaux sociaux, aux blogs, aux annonces ou au bouche à oreille) que vous cherchez des personnes qui seraient prêtes à aider à la création d'une filière bilingue dans une langue spécifique. Baser son initiative sur une communauté linguistique particulière offre de nombreux avantages. Un bon groupe de parents potentiellement intéressés pourrait déjà exister, et un réseau communautaire de commerces, de centres religieux, de maisons de quartier et d'enfants dont la langue maternelle n'est pas l'anglais pourrait déjà être en place aux alentours de votre district. C'est ce qu'il s'est passé pour les filières bilingues arabes, polonaises et italiennes présentées dans les chapitres précédents.

Une fois que votre groupe a réuni suffisamment de bénévoles, vous pouvez commencer à organiser des comités pour y répartir les tâches. Il en faut plusieurs, parmi lesquels celui qui s'adressera à la communauté, celui qui cherchera l'école et celui en charge du programme scolaire. D'autres comités peuvent être montés au fur et à mesure des étapes du projet, en fonction des besoins, comme un comité de recrutement d'enseignants, un comité de levées de fonds ou un comité d'activités extra-scolaires, pour n'en citer que quelques-uns. Encore une fois, ce ne sont que des suggestions et c'est à vous d'adapter ce modèle à votre réalité locale et au nombre de personnes intéressées par cette initiative.

Rassembler les données

Votre comité en charge de la communauté doit se concentrer sur l'identification d'élèves potentiels et sur la collecte d'informations sur les familles. Cela vous aidera à diffuser le message pour que le plus de personnes possibles entendent parler de votre initiative et décident d'inscrire leur enfant comme candidat potentiel à la filière bilingue. Voici les informations que vous devriez essayer de récolter :

- Le nombre de familles intéressées par la filière
- Les langues parlées à la maison et comprises par les enfants
- Leurs dates de naissance et dates d'entrée à l'école primaire
- Les districts ou les zones scolaires des familles.

Voilà les premières étapes essentielles à l'identification de candidats à la filière bilingue. Toutes ces informations vous aideront aussi à déterminer si votre filière bilingue sera à sens unique (avec des enfants qui ont la même langue maternelle et suivent des cours dans une autre langue) ou à double sens (avec des locuteurs natifs des deux langues présents dans la classe, souvent répartis proportionnellement). Cette décision sera basée sur le nombre de locuteurs natifs que vous recruterez.

Il est impératif d'identifier suffisamment d'élèves afin que la première classe puisse être créée. Pour établir un nombre, il faudra vérifier plusieurs choses. D'abord, vous devrez chercher :

- Le nombre moyen d'élèves inscrits dans une classe de début de cycle dans votre district, puisque ce chiffre peut varier d'un endroit à un autre, et même d'une classe à l'autre. Par exemple, il peut y avoir un nombre d'élèves différent entre une classe de moyenne section et une classe de grande section de maternelle, ou entre les classes de primaire et les classes de collège et de lycée.
- Vous devrez aussi prendre connaissance du mandat sous lequel opère le district scolaire pour les enfants dont la langue maternelle ne serait pas la langue officielle. Dans le cas de la ville et de l'État de New York,[98] la loi réclame d'une école qu'elle offre une filière bilingue ou une filière de transition si au moins vingt élèves du district parlent une autre langue maternelle que l'anglais.[99] Ils sont ensuite répertoriés en tant qu'apprenants de l'anglais (les ELLs) ou, selon la nouvelle appellation, anglais comme nouvelle langue (*English as a New Language* - les ENLs).

Si votre district scolaire suit les mêmes mandats, alors il peut vous apporter un soutien supplémentaire. Vos recherches devront alors :

- Déterminer le nombre d'enfants par district ou zone scolaire dont la langue maternelle n'est pas l'anglais (ou la langue officielle du pays). Ces enfants devront tous parler la même langue maternelle pour être dans la même filière bilingue.
- Déterminer le nombre d'enfants par district ou zone scolaire considérés comme bilingues (ici, des enfants qui parlent déjà anglais et la langue cible, à différents niveaux).
- Déterminer le nombre d'enfants par district ou zone scolaire considérés comme locuteurs natifs de la langue officielle (ici, l'anglais), qui n'ont aucune connaissance de la langue cible mais dont les familles sont prêtes à s'impliquer dans l'éducation bilingue dans la langue cible que vous avez établie, et à s'y tenir.

Ces données vous aideront à expliquer comment votre filière bilingue répondra aux différents besoins de la communauté. Cela peut aussi être un moyen d'obtenir des financements supplémentaires de la part d'agences gouvernementales et d'associations philanthropiques, en particulier celles qui viennent en aide aux apprenants de l'anglais. Ces statistiques peuvent aussi devenir de solides arguments pour convaincre les chefs d'établissements de la nécessité de la filière.

L'identification des familles

L'initiative commence souvent avec un nombre de familles potentielles très important, pour n'être plus qu'un petit groupe le jour de l'ouverture. Pour votre projet, il est recommandé de recruter plus d'élèves que le nombre demandé par les écoles locales pour ouvrir une filière bilingue. Un nombre minimum d'élèves par classe est souvent requis pour que la filière soit viable (bien qu'il arrive que ce chiffre soit à la discrétion du directeur), et recruter un bon nombre d'enfants montrera au directeur de votre école, à l'administrateur ou au comité exécutif qu'il y a suffisamment d'élèves potentiels pour une filière bilingue. Cette approche permettra aussi de compenser la perte de certaines familles, intéressées à l'origine mais qui finiront par abandonner l'initiative, déménager ou changer d'école.

Vous recevrez très probablement les données d'enfants d'âges différents, voire d'enfants qui ne sont pas encore nés, et qui n'auront donc pas la même date d'entrée dans le système scolaire. Dans ce cas, il vous faudra préparer un tableau qui recensera les dates de naissance et basera votre stratégie sur le nombre de candidats potentiels par année. Le calendrier scolaire et les dates limites d'inscription dicteront sûrement votre échéancier et la stratégie qui vous permettra de monter avec succès votre initiative.

Il y a plusieurs façons de trouver, d'identifier et de recruter des familles potentielles. Cela peut être fait par le biais d'annonces, de lettres, de tracts ou d'affiches que vous pouvez distribuer lors de réunions ou de présentations.[100] Il faut bien prendre en compte le long procédé qu'est l'implantation d'une nouvelle filière bilingue dans un district. Il vous faudra identifier des familles dont les enfants seront assez jeunes pour être candidats à la filière lorsqu'elle ouvrira réellement. Dans certains cas, ce procédé d'identification doit être enclenché au moins un ou deux ans avant le lancement de la filière. Les cas de parents qui n'ont pas réussi à faire entrer leurs enfants dans ces filières pour différentes raisons, bien qu'ayant fourni tout le travail nécessaire, sont exposés dans les chapitres précédents.

La plupart des filières bilingues des écoles publiques américaines commencent soit en moyenne section de maternelle, quand les enfants ont quatre ans, soit en grande section, lorsqu'ils ont cinq ans. Pour identifier des enfants, il faut donc souvent contacter, entre autres, les maternelles et les crèches locales, les écoles privées, les écoles de langues, les centres culturels, les institutions religieuses, les associations de parents, les agences municipales qui viennent en aide aux familles.[101] Vous pouvez aussi engager la conversation avec les parents de votre aire de jeu, dans les commerces de votre quartier, de votre supermarché ou dans d'autres écoles où les familles pourraient être en recherche de cursus alternatifs pour les frères et sœurs plus jeunes. Identifier des familles potentielles déjà inscrites dans une école peut supposer qu'elles aient déjà établi des liens avec le directeur ou le parent délégué, ce qui apporterait des informations précieuses sur l'administration de l'école.

De nombreux initiateurs de projets interviewés au cours de ce livre ont su faire preuve d'une grande créativité. Certains portèrent des vêtements, des casquettes ou des badges pour piquer la curiosité d'autres parents. Ils créèrent des pages web et utilisèrent les réseaux sociaux pour centraliser les formulaires d'inscription et donner des nouvelles du projet. Ils firent appel aux journaux locaux, aux blogs de communautés et de parents pour que les familles ne faisant pas partie de leur groupe d'amis puissent entendre parler du projet. Ils accrochèrent des affiches et des annonces dans les commerces locaux, en particulier ceux identifiés comme lieux de concentration des locuteurs de la langue cible ou d'un groupe culturel. Certains initiateurs de la filière bilingue française déposèrent par exemple des prospectus dans les aires de jeu ou les magasins où ils savaient qu'ils trouveraient des francophones. Ils visitèrent également des églises à forte population francophone et approchèrent les gens dans la rue ou dans le métro quand ils les entendaient parler le français. Ils entrèrent en contact avec tous les médias francophones qu'ils purent trouver. Ils créèrent une adresse email centralisée et répondirent à des centaines de demandes de parents. Ils consacrèrent des heures et des heures de leur temps à l'initiative, conseillant d'autres parents sur des sujets comme les procédures d'inscription de l'école ou encore la différence entre commencer en moyenne ou grande section de maternelle. Le travail de ces parents est remarquable et mérite amplement nos félicitations. Leurs actions profitent et profiteront encore à beaucoup d'autres, bien au-delà de leurs propres familles et groupes d'amis. Ces précurseurs de filières bilingues sont de véritables agents du changement.

S'adresser à la communauté

Une des entreprises dans laquelle il faut s'engager le plus tôt possible est la création d'une base de soutien collectif, comprenant des personnes d'influence, des élus locaux ou des associations. Cela suppose de participer à des réunions de communauté et d'informer son public sur l'initiative de la filière bilingue. Les personnes clés à contacter et à rencontrer varient d'un endroit à l'autre mais il ne faut surtout pas sous-estimer l'aide qu'elles peuvent vous apporter. Cela peut être très utile et instructif de prendre rendez-vous avec les officiels scolaires (comme le Département de l'éducation, les Directeurs généraux des districts scolaires, le Bureau des apprenants de l'anglais). Ils auront sûrement des questions et il est impératif que vous soyez prêt à y répondre. Les parents peuvent s'entretenir avec ces autorités avant de rencontrer les directeurs d'écoles s'ils veulent avoir plus d'informations sur le budget local, ou se doter d'un soutien politique. Cependant, il est important d'inclure les chefs d'établissements dans ces échanges et de juger de leur compréhension de l'éducation bilingue. C'est particulièrement important une fois que vous avez rassemblé assez d'informations pour convaincre un directeur de la nécessité d'une filière bilingue dans son district. La prochaine partie examinera plus en détail les arguments qui pourraient convaincre.

Vous trouverez surement utile d'échanger des informations avec les associations de parents, les parents délégués et les enseignants, puisqu'ils peuvent vous donner une idée du climat de l'école et de son ouverture d'esprit. Contacter les comités d'éducation, les comités exécutifs de l'école et de la communauté ainsi que les membres du conseil municipal peut aider votre projet à surmonter les barrières bureaucratiques. Ils vous apporteront aussi leur soutien lorsque vous vous trouverez confronté à un obstacle inattendu. Votre comité en charge des relations communautaires peut également organiser de petits rassemblements dans des cafés, des restaurants, des boulangeries, chez un de ses membres ou dans un espace public afin de proposer des idées, mesurer l'intérêt suscité par le projet, ou recruter des familles potentielles. Lorsqu'un rassemblement de la sorte a lieu, vous pouvez inviter un ou plusieurs des acteurs mentionnés précédemment pour donner un discours ou partager des remarques.

Enfin, la langue que vous avez sélectionnée pour votre filière bilingue est connectée à un large réseau de soutiens nationaux et internationaux, d'institutions qui peuvent fournir une aide et des ressources non négligeables. Ce réseau comprend les ambassades, les consulats, les consuls honoraires, les centres culturels au service d'une langue ou d'un pays, les fondations tournées vers l'éducation et le développement d'une communauté, les offices de tourisme, les chambres de commerce internationales ou des États-Unis au service d'entreprises installées dans deux pays ou plus, ainsi que les sociétés ou les fédérations culturelles et patrimoniales. Ce sont des partenaires importants avec lesquels unir ses forces. Ils accorderont de l'importance à votre projet et vous aideront à le mener à bien puisqu'il a le potentiel de générer de nouvelles entreprises productives et de leur ouvrir de nouveaux marchés.

Le comité en charge du programme

Votre comité en charge du programme peut vous aider lors des différentes étapes de ce processus. D'abord, en rassemblant et en partageant les données sur les nombreux avantages cognitifs, académiques, personnels et professionnels de l'éducation bilingue lors de réunions d'informations avec les parents de la communauté. Ensuite, en organisant des visites d'autres filières bilingues déjà en place afin de déterminer les meilleures pratiques et pour voir directement comment une telle filière est gérée. L'interaction avec d'autres filières déjà établies est un excellent moyen d'en apprendre plus sur l'implication des parents et leur loyauté au programme, la durabilité de la filière, le travail de levée de fonds, les besoins en termes de ressources, d'enseignants et de soutien administratif. Directeurs et enseignants des filières bilingues déjà en place seront heureux de partager leurs connaissances avec leurs homologues. En apprenant de leurs réussites et de leurs échecs, vous pourrez créer une meilleure filière pour votre propre initiative. Il faudra prendre soin de bien documenter chaque visite, pour pouvoir partager plus tard les informations récoltées au cours des réunions de la communauté. Enfin, le comité devra rencontrer les parents ayant déjà réussi à monter une filière bilingue afin de tirer les leçons de leurs expériences.

Deuxième étape - Élaborer un argumentaire convaincant et trouver une école

Au terme de leur travail collaboratif, les différents comités doivent être prêts à présenter leurs données au directeur et à la communauté de l'école. Avant de présenter votre idée au directeur, il est conseillé d'imaginer un argumentaire solide qui vous aidera à convaincre le directeur et les administrateurs concernés de l'importance de votre proposition. Il peut s'avérer très difficile de vendre une filière française, japonaise ou russe, par exemple, à une école dont la réputation n'est plus à faire ou déjà en surcapacité. Les parents doivent donc préparer une liste d'arguments qui mettent en avant les avantages de la création d'une telle filière dans une école publique, surtout si cette école a de mauvais résultats. Peut-être pouvez-vous baser votre plaidoyer sur ce qui motive personnellement le chef d'établissement. Un nouveau directeur, par exemple, cherchera peut-être à se faire accepter, à gagner la reconnaissance de son quartier. Une filière bilingue serait alors pour lui une façon concrète de mettre sa pierre à l'édifice, au service de l'école et de la communauté. Une filière réussie peut apporter énormément de visibilité à l'école, faire progresser sa réputation et amener de nouvelles sources de financement. Les nouvelles familles attirées par la filière bilingue peuvent être plus enclines à lever des fonds pour aider à la réussite de l'école.

Les arguments convaincants sont multiples. De nombreux enfants, pour qui l'anglais n'est pas la langue maternelle, ont besoin d'une éducation bilingue afin d'apprendre à la maîtriser. Les filières bilingues transmettent un bien précieux aux jeunes de la communauté, celui d'une deuxième langue. Pour les familles d'immigrants de deuxième ou de troisième génération, la filière bilingue est un moyen de maintenir leur langue et leur patrimoine culturel mais aussi une façon de les partager avec leurs enfants. Un tel programme continuera de profiter à l'école tout entière, en intégrant chaque année de nouvelles familles motivées. Ces parents souhaitent souvent aider l'école de différentes façons, en organisant des levées de fonds ou des activités scolaires. Les familles bilingues peuvent aussi apporter à l'école de nouvelles offres culturelles dans les domaines des arts, de la musique ou de la gastronomie, en utilisant par exemple leurs relations au sein de la communauté pour créer des programmes périscolaires après l'école, améliorer la cantine, organiser des sorties et des visites, proposer des stages… Finalement, un argumentaire solide et bien préparé est souvent le meilleur moyen de convaincre et de marquer les esprits.

Les filières bilingues peuvent donner une nouvelle identité à une jeune école dont tout le potentiel ne serait pas mis à profit ou dont les classes seraient vides. Avoir davantage d'options éducatives de qualité dans un district peut soulager les écoles déjà établies aux effectifs trop importants, en attirant des familles de classe moyenne vers les écoles actuellement désavantagées, exploitant ainsi les bienfaits potentiels de l'intégration socio-économique engendrée par les filières bilingues. Les initiatives menées par des parents peuvent rapidement mobiliser des centaines de familles, prêtes à lutter contre la diminution de la fréquentation d'une école ou à apporter de nouveaux moyens au budget de l'école. Dans de nombreux districts, chaque nouvelle place occupée s'accompagne de fonds additionnels au budget de l'école. Il arrive qu'un district ou que le Département de l'éducation fournisse même des subventions pour l'organisation, le développement du programme ainsi que la formation professionnelle des enseignants et de l'équipe pédagogique. D'autres aides financières et logistiques peuvent provenir de partenaires ou d'associations qui auraient un intérêt propre pour les langues enseignées ou la population concernée, comme par exemple les ambassades, les consulats, les entreprises ou les fondations.

Quand un entretien avec un directeur d'école vous sera accordé, il vous faudra présenter toutes les données du projet de façon très professionnelle. Expliquez que votre initiative est centrée sur les bienfaits qu'elle apporterait aux enfants et à la communauté. Apportez des documents qui détailleront la démographie des futures familles, par année et par district scolaire. Expliquez comment décrocher des subventions de la part du Département de l'éducation ou de partenaires externes. Après avoir rencontré un directeur sensible à votre projet, proposez à d'autres acteurs de vous soutenir, d'autres enseignants, parents et membres de la communauté. Tournez-vous ensuite vers des employés gouvernementaux, vers des élus et des donateurs. En suivant ces étapes, vous aurez monté un dossier solide pour soutenir votre projet, et vous aurez gagné la confiance d'une communauté de parents et d'éducateurs. Ensemble, vous pouvez dès à présent mettre sur pied une filière bilingue réussie.

Troisième étape : construire une filière bilingue réussie dès le premier jour

Une fois que vous aurez réussi à convaincre le directeur, votre groupe devra s'atteler à d'autres tâches tout aussi importantes. Avant tout, il faudra s'assurer qu'un nombre suffisant de familles soient motivées et être certains qu'elles inscriront leurs enfants dans la filière. S'il reste de la place, organiser des visites de l'établissement et faire des présentations pendant des évènements de l'école pour recruter encore plus de familles est une bonne idée. Vous devriez continuer à promouvoir la filière en planifiant des réunions d'informations, en incitant les parents à visiter les filières déjà existantes. Vous pouvez aussi faire venir ces filières au sein de votre communauté en invitant les enseignants bilingues à venir partager leur expérience. N'oubliez pas de partager également les meilleures pratiques que vous aurez découvertes au cours de vos visites et de vos échanges avec d'autres écoles.

Se procurer en avance le matériel dont auront besoin les enseignants lors des premiers mois de lancement est un excellent moyen d'aider votre directeur. En cherchant des livres qui seraient en accord avec le programme et en préparant des listes de lecture qui pourraient déjà être commandées, vous apporterez une aide considérable aux enseignants. S'il en a besoin, vous pouvez aussi aider le directeur à recruter des enseignants, puisqu'il n'est pas toujours facile de trouver des enseignants bilingues ou des assistants compétents et qualifiés. On vous demandera peut-être d'aider à traduire ou de servir d'interprète pendant les entretiens, ainsi que de donner votre avis quant au niveau de langue d'un candidat. Vous êtes maintenant un membre actif de l'équipe, et votre enthousiasme et votre volonté d'aider joueront un rôle majeur dans la création de la filière et sa réussite.

Si vous avez mis en place un comité de levée de fonds, il peut d'ores et déjà commencer à organiser des évènements et faire un appel aux dons pour aider les classes, la bibliothèque et l'école dans son ensemble. En plus d'apporter des ressources, ces financements peuvent aussi permettre à l'école d'embaucher un spécialiste du bilinguisme ou un consultant qui pourra former les enseignants et les assistants, développer le programme et obtenir du matériel éducatif de fournisseurs nationaux ou internationaux. Ce groupe peut également participer à l'élaboration de demandes de subventions qui permettront d'obtenir de l'aide supplémentaire de la part des districts, de l'État, d'agences fédérales, de fondations ou de gouvernements étrangers.

Avoir une vision claire, bien articulée, dans laquelle les parents peuvent se reconnaître, est une façon de transcender les incompréhensions culturelles et d'inviter familles et communautés à adhérer à vos objectifs. Il est très important de présenter cette vision de façon très explicite lorsque vous travaillerez avec des chefs d'établissements. À la fin, c'est le directeur qui sera tenu pour responsable par tous ceux qui se sont engagés dans le projet. Même si certains groupes ou certaines personnes ne sont pas prêts à s'impliquer directement, cette vision collective peut initier bien d'autres choses, que ce soit pour lever des fonds, créer de nouveaux partenariats ou des liens avec le quartier. De nombreux parents interviewés dans les chapitres précédents comparent leur projet à une jeune start-up pour laquelle il faut donner tout son temps et toute son attention.

L'approche suggérée ci-dessus a été élaborée suite aux tentatives et aux erreurs de parents et d'éducateurs. Elle a pu être utile à des dizaines d'initiatives, dans plusieurs villes et pour différentes communautés linguistiques, dont certaines sont exposées dans les chapitres précédents. Maintenant qu'elle est enfin publiée et disponible, elle pourra encore être utile à bien d'autres. Cette feuille de route n'est qu'un recueil de leçons acquises au fil du temps, qui ne cesse d'évoluer et d'être améliorée, et qui s'ajuste d'une école à l'autre, d'une communauté à l'autre, nécessitant de ses utilisateurs qu'ils l'adaptent à leur propre contexte. Elle a été créée par des parents, pour d'autres parents. Elle existe grâce à la forte conviction des parents précurseurs que, si elle a fonctionné pour eux, elle devrait être transmise à d'autres parents pour que plus d'enfants puissent bénéficier du don de l'éducation bilingue. Si cette feuille de route a aidé à la conduite de votre propre projet, n'hésitez pas à transmettre votre version personnelle à d'autres. Ils pourraient à leur tour devenir les initiateurs d'une filière réussie, au service de leurs enfants et de leurs écoles. La feuille de route peut propager l'esprit de la Révolution bilingue.

CHAPITRE 12

Pourquoi une éducation bilingue est bonne pour votre enfant

Ce chapitre servira d'introduction aux parents qui découvrent tout juste le monde de l'éducation bilingue. Il sera utile aussi bien aux parents monolingues qu'aux parents qui parlent déjà une autre langue que l'anglais grâce à leurs origines ou leur éducation et souhaitent transmettre cette connaissance à leurs enfants. Les informations présentées peuvent servir d'arguments pour convaincre enseignants, administrateurs scolaires et autres parents et membres de la communauté de la nécessité d'une filière bilingue dans toutes les écoles. Ce chapitre donnera un aperçu des caractéristiques particulières d'une personne ou d'un cerveau bilingue et expliquera comment le bilinguisme peut améliorer l'apprentissage, la concentration, la communication et la compréhension du monde.

La plupart des avantages du bilinguisme sont intuitifs. Par exemple, les personnes bilingues peuvent communiquer avec beaucoup plus de monde dans différents pays, leur donnant ainsi accès à davantage d'œuvres littéraires, artistiques ou académiques et à un réseau social et professionnel plus étendu que les monolingues. Ces personnes sont aussi capables d'apprendre plus facilement d'autres langues ; après avoir appris une deuxième langue, les élèves peuvent faire appel aux techniques utilisées pour acquérir une troisième voire une quatrième langue. Enfin, le bilinguisme est un moyen d'encourager le multiculturalisme et l'ouverture d'esprit. Comme l'explique François Grosjean, l'identité d'une personne bilingue « transcende les frontières nationales ».[102]

Être bilingue, qu'est-ce que cela signifie ?

Dans les années 1950, les linguistes Uriel Weinreich et William Francis

Mackey suggérèrent que le bilinguisme ne soit pas simplement l'usage « régulier » de deux langues ou plus. Au contraire, François Grosjean suggère que la capacité de parler plus d'une langue n'est pas qu'une aptitude linguistique. Selon lui, le bilinguisme constitue une véritable identité. Ces deux définitions mettent en avant différents aspects de la personnalité et du cerveau bilingues. Les filières bilingues permettent aux enfants d'utiliser plus d'une langue dans la vie de tous les jours et dans des différents domaines. Elles valorisent également les personnes qui parlent une langue d'héritage et les enfants monolingues dans le but de préserver, pour les uns, leur patrimoine culturel et linguistique et de développer, pour les autres, de nouvelles identités et de nouvelles compétences qui leurs seront propres. Par ce biais, ces jeunes polyglottes acquièrent un nouveau rôle tout en faisant la fierté de leur communauté linguistique.

Le terme « heritage language » (langue d'héritage) est utilisé depuis environ quinze ans. Ses origines remontent jusqu'au Québec et dans les autres provinces du Canada, et il fut adopté plus tard dans le lexique des éducateurs aux États-Unis. Ces derniers realisèrent que des populations entières d'élèves ne pouvaient tirer profit des capacités qu'ils avaient déjà acquises dans leur langue maternelle. Plutôt que d'inscrire ces élèves dans cette langue maternelle avec l'anglais enseigné en deuxième langue, détériorant ainsi la maîtrise de leur langue d'origine, les éducateurs se rendirent compte qu'ils pouvaient aller plus loin et s'appuyer sur les capacités linguistiques qu'avaient les enfants. C'est ainsi que furent développés les « heritage language programs », des cours de maintien des acquis pour élèves parlant une autre langue. Cet objectif (développer les capacités linguistiques académiques à la fois en anglais et dans la langue cible) est une des missions principales de la Révolution bilingue.

Lors d'une récente conférence à New York sur le bilinguisme, l'apprentissage de la langue et l'identité, François Grosjean déclara : « la personne bilingue est un communicateur humain, un locuteur et un auditeur qui gère la vie en deux langues ou plus ».[103] En tenant compte de cette définition, on pourrait se demander si cette tâche, intimidante, de « gérer sa vie » dans plus d'une langue vaut le coup face aux difficultés que cela implique. En d'autres mots, être bilingue est-il un avantage ou un handicap, que ce soit en classe ou dans la vie de tous les jours ? Comment est structuré le cerveau d'une personne bilingue ? Quelles différences peuvent exister entre les personnes bilingues et monolingues, aussi bien en termes de fonctions cognitives que dans leur façon de naviguer au sein de la société ? Finalement, est-ce vraiment important d'être bilingue ?

Il existe au moins trois endroits où les personnes bilingues peuvent « trouver leur place ». Pour prendre mon propre exemple, je me sens Français quand je parle français, Américain quand je parle anglais, et Franco-Américain quand j'échange avec d'autres personnes bilingues, utilisant alors un mélange des deux langues. Le bilinguisme ouvre les portes d'un vaste monde, de cultures et de communautés, portes qui restent fermées, à l'opposé, si on ne parle qu'une seule langue. Comme on peut s'en douter, la vie d'une personne multilingue est incroyablement plus riche, variée et pleine de possibilités. Lorsque les barrières géographiques disparaissent petit à petit, à l'heure de la globalisation, les frontières ne retiennent plus les flots d'idées et de cultures qui traversent le monde. L'identité complexe d'une personne bilingue est aujourd'hui plus pertinente que jamais et ne cessera de jouer un rôle toujours plus important par la suite.

Garder des enfants bilingues motivés

La motivation derrière l'apprentissage d'une langue étrangère peut être influencée par différents facteurs. Certains de ces facteurs proviennent de l'environnement familial. Il arrive en effet que des familles atteignent le bilinguisme sans efforts, grâce à une expérience linguistique stimulante à la maison, centrée sur l'enfant. Ce n'est pas toujours le cas. Il est très courant par exemple que les parents bilingues fassent trop pression sur leurs enfants pour qu'ils apprennent leur propre langue maternelle, forçant parfois la pratique d'une langue lors d'interactions familiales. Ce désir n'est pas toujours partagé par l'enfant et cette approche mène rarement à des résultats positifs que ce soit pour les parents ou l'enfant. Pour que l'immersion linguistique à la maison soit efficace, l'enfant doit être entouré d'encouragements afin qu'il prenne plaisir à l'apprentissage de la langue et progresse.

Un autre facteur important est celui de l'influence de la communauté et la question du statut linguistique. Si l'enfant pense que la langue parlée à la maison a un statut moins élevé que celle de la société dans laquelle il évolue, il est alors possible qu'il refuse d'y être associé et qu'il évite de l'utiliser pour communiquer ou interagir.[104] Des facteurs individuels liés à l'enfant peuvent également avoir des conséquences sur sa motivation et son implication dans les expériences linguistiques. Certains enfants arrivent à un moment de leur vie où ils refusent de parler leur langue d'origine. Un sentiment qui peut accompagner les crises de jeunesse et d'adolescence, ou se développer en réponse aux pressions des autres, pour mieux s'intégrer. La meilleure solution est alors de trouver de nouveaux moyens de stimuler l'enfant, en prenant en compte son identité personnelle. L'approche doit impérativement être centrée sur l'enfant, en l'écoutant, en l'incitant à participer, en comprenant les raisons qu'il donne pour expliquer ce refus. De cette façon, l'enfant peut s'approprier lui-même son apprentissage et montrer à nouveau de l'intérêt pour sa langue en l'utilisant comme il le souhaite.

La personnalité bilingue

En plus des nombreux bienfaits cognitifs de connaître plusieurs langues, les personnes bilingues bénéficient souvent d'une intelligence émotionnelle accrue. Des chercheurs, comme l'auteur et psychologue Daniel Goleman, décrivent ce phénomène comme une meilleure conscience de soi et des autres, la capacité particulière des personnes bilingues à comprendre le point de vue des autres à travers la perspective culturelle de la langue, et la possibilité d'éprouver un sentiment d'empathie ancré dans la langue mais qui se ressent par la culture.[105] Ces émotions sont uniques et intrinsèques à chaque langue, soulignant l'aptitude des personnes bilingues à discerner l'éventail des sentiments propre à chaque culture et à s'y adapter. Dans le même esprit, être capable d'appréhender un même événement ou une même idée avec une perspective différente peut être très utile au développement de relations interpersonnelles et à l'interaction avec des personnes issues de milieux différents, qu'ils viennent de la même société ou de pays très éloignés. Le bilinguisme est un investissement dont on récolte toujours les fruits. On fait souvent appel aux personnes qui parlent deux langues ou plus pour leur demander de réfléchir à de nouvelles approches, d'essayer une idée neuve ou de comprendre une position différente de la nôtre. Ces capacités aident les personnes bilingues à se frayer plus facilement un chemin dans notre société globale et complexe et à opérer à un niveau de compréhension plus approfondi.

À tous ces avantages, il nous faut ajouter un sens créatif accru observé chez les enfants bilingues ou, pour reprendre les termes scientifiques, le témoignage du concept de « raisonnement divergent ». Le travail de l'auteur et conseiller en éducation internationale, Sir Kenneth Robinson, sur la créativité, offre une explication précieuse du raisonnement divergent. L'expérience consiste par exemple à demander au sujet combien d'utilités il peut trouver à un trombone.[106] Au cours de cet exercice, le raisonnement divergent est mesuré de trois façons : (1) la flexibilité ou combien de réponses les participants peuvent trouver, (2) l'originalité ou combien de réponses originales ils suggèrent, et (3) le niveau de détails donnés ou jusqu'où est poussée chaque idée. Plusieurs études ont comparé le nombre de réponses données par les monolingues et les bilingues. La conclusion est claire : les personnes bilingues et multilingues ont une excellente pensée créative et une meilleure capacité à résoudre les problèmes.[107] Ils sont toujours capables de trouver davantage d'utilités originales au trombone. Un phénomène qui s'explique facilement, puisque le bilinguisme n'est qu'une façon d'exprimer ce qu'on appelle en psychologie le « meaning-making », ce procédé qui consiste à interpréter les événements de notre vie, à donner un sens aux relations et à apprendre à nous connaître. Les personnes bilingues sont donc très douées pour jongler entre différentes expressions, sentiments, ou expériences similaires. Il leur est plus facile de penser différemment, de sortir des sentiers battus. Les personnes bilingues ne suivent pas qu'un seul sentier, ils en suivent plusieurs à la fois.

L'avantage bilingue

Les bienfaits pratiques du bilinguisme sont innombrables. Ces dernières années, d'importantes études ont examiné la façon dont les filières bilingues améliorent les résultats scolaires en analysant comment les élèves bilingues apprennent. Les chercheurs mettent en avant le savoir métalinguistique des élèves bilingues,[108] c'est-à-dire leur connaissance de la langue comme un système, leur capacité à traiter l'information facilement et à davantage contrôler leur concentration, ainsi que leur plus grande mémoire et leur capacité à résoudre des problèmes plus difficiles que la moyenne.[109]

La recherche indique également que l'on compte moins d'élèves décrocheurs parmi les lycéens de filières bilingues que dans les cursus monolingues.[110] L'étude longitudinale menée par Thomas et Collier pendant dix-huit ans, dans vingt-trois districts et quinze États, compara les élèves de filières bilingues, de filières de transition et de classes uniquement anglophones. Ils découvrirent que le modèle de filière bilingue permettait de combler l'écart entre les apprenants de l'anglais et ceux pour qui l'anglais était la langue maternelle, en primaire et en études secondaires. La filière transformait aussi l'expérience scolaire, rendant l'école plus inclusive, ouverte à tous les élèves, et valorisant leurs différences.

Les chercheurs sont finalement arrivés à la conclusion que la filière bilingue est la seule méthode d'apprentissage d'une deuxième langue qui permette de combler totalement l'écart entre les apprenants de l'anglais et les élèves pour qui l'anglais est la langue maternelle, en primaire, au collège et au lycée. Les élèves bilingues obtiennent également de meilleurs résultats que leurs camarades monolingues aux examens standardisés, preuve concrète de la réussite des filières bilingues.[111] Selon les chercheurs, une filière bilingue bien construite et bien implantée, qui couvre toutes les matières du programme, offre à ses élèves la chance de maîtriser deux langues à un haut niveau académique.[112]

Etre bilingue dès le plus jeune âge peut également garantir de nombreuses opportunités scolaires et professionnelles à l'étranger. Les entreprises qui emploient des personnes bilingues profitent directement de leurs connaissances sur les demandes de traduction et d'interprétation, leur permettant ainsi d'interagir avec une plus grande clientèle. En plus des avantages évidents en termes d'aptitudes culturelles et linguistiques, les candidats bilingues sont souvent favorisés dans le monde du travail parce qu'ils savent s'adapter rapidement à un nouvel environnement. Ces avantages considérables peuvent mener, par conséquent, à de plus hauts salaires et à un accès complet au marché du travail mondial.

Dans son travail novateur, Ellen Bialystok, directrice de recherche et titulaire de la chaire en développement cognitif à York University, démontre l'impact évident et profond de l'expérience du bilinguisme sur la structure et l'organisation du cerveau. Elle s'est aperçue que le cerveau bilingue avait des facilités à résoudre les problèmes, grâce au rétablissement constant des circuits de ses fonctions exécutives (un réseau de traitement du cerveau qui recueille des informations et les organise, analyse notre environnement et ajuste alors notre comportement). Les fonctions exécutives du cerveau sont davantage sollicitées par un cerveau bilingue qui a sans cesse besoin de traiter l'information en deux langues. Leur travail de résolution de problèmes ou de confusions entre les deux systèmes de langage, que ce soit pour des activités orales ou écrites, réorganise en permanence tout leur réseau. Finalement, ce réseau réorganisé est plus productif que son équivalent monolingue. Ellen Bialystok a également su montrer que le bilinguisme est une source exceptionnelle de bienfaits cognitifs. Le cerveau bilingue arrive à améliorer ses propres performances grâce à l'utilisation de réseaux neuronaux. Ces études mettent en avant à quel point les expériences vécues peuvent refaçonner fondamentalement l'esprit bilingue.

La recherche en neurosciences montre aussi que les bienfaits de l'apprentissage en deux langues dès le plus jeune âge sont utiles au moment de la vieillesse, bien au-delà du développement cognitif ou des opportunités sociales. Le récent travail d'Ana Ines Ansaldo, directrice du Brain Plasticity, Communication and Ageing Laboratory et Professeure à l'Université de Montréal, et de ses collaborateurs prouve que, contrairement aux personnes âgées monolingues, les personnes âgées bilingues parviennent à résoudre des problèmes sans faire appel à certaines zones du cerveau particulièrement sujettes au vieillissement. On pourrait donc considérer que le bilinguisme et ses conséquences sur les circuits du cerveau sont un rempart contre le déclin du cerveau lié à l'âge.[113]

Famille et bilinguisme

Pour atteindre ce niveau de bilinguisme, il est crucial de bénéficier du soutien des familles, parce que le langage est ancré dans les traditions et la culture. Développer une affinité avec la culture qui accompagne la langue est un travail exigeant une grande motivation. Plus la langue est liée à l'expérience culturelle (grâce, par exemple, à la rencontre avec des locuteurs natifs ou lors de cérémonies traditionnelles qui requièrent parfois un vocabulaire spécifique), plus la maîtrise de la langue sera de qualité. Nombre d'enfants issus des filières bilingues participent aussi à des activités culturelles le weekend, leurs familles les inscrivant à des programmes qui leur permettent de découvrir la littérature, la culture et l'histoire de leur pays d'origine. Ceci leur permet d'entretenir un sentiment d'appartenance, de fierté et d'identité en tant que membre d'un groupe culturel patrimonial.

Les parents ont souvent peur que leurs enfants se perdent dans les deux langues s'ils les apprennent trop tôt, ou que cela ait un impact sur leurs capacités d'apprentissage plus tard. Les enfants bilingues ont tendance à mélanger les langues lorsqu'ils parlent, ce qui est souvent considéré à tort comme de la confusion. Un phénomène que les experts appellent code-switching.[114] Par exemple, un enfant élevé en mandarin et en anglais peut commencer une phrase en mandarin, y ajouter un ou deux mots d'anglais, et continuer en mandarin. Est-ce réellement de la confusion ? Pour essayer de répondre à cette question, un groupe de chercheurs de Montréal décida, il y a maintenant presque vingt ans, d'étudier ce phénomène. Ces chercheurs découvrirent que non seulement ce n'était pas de la confusion mais que c'était en fait une stratégie tout à fait intelligente employée par les enfants bilingues. Ces jeunes élèves utilisent simplement toutes les ressources dont ils disposent. Par ailleurs, il est important de rappeler que même les enfants monolingues peuvent mélanger des mots et leurs significations suivant les étapes de leur développement linguistique. Il est donc absolument inutile de s'inquiéter d'un tel phénomène. Cela peut même se révéler être un avantage pour les personnes bilingues, puisqu'elles sont capables d'adapter l'usage de leur langue en fonction de leur environnement, sans même avoir besoin d'y réfléchir.

Au cours du procédé d'acquisition linguistique, il est tout à fait naturel que les enfants calquent leurs discours sur les individus qu'ils entendent souvent parler, en particulier leurs parents. Cela peut poser problème si les parents décident de leur parler dans une langue qu'ils ne maîtrisent pas forcément. Certains parents, dont la langue maternelle n'est pas l'anglais, choisissent de parler uniquement l'anglais à leurs enfants en raison des épreuves ou des discriminations qu'ils ont eux-mêmes subies à cause de leur accent ou de leurs origines. Ces parents veulent à tout prix que leur enfant parle anglais parfaitement, sans accent, pour les protéger de ces mauvaises expériences. Finalement, il est plus productif de leur parler dans leur langue maternelle plutôt que dans un mauvais anglais. Chaque jeune doit avoir une base linguistique solide, qu'elle soit en anglais ou dans une autre langue, provenant de la communication au sein de la famille lors de ses premières années de vie. De cette façon, quand l'enfant entre à l'école, ses enseignants peuvent s'appuyer sur cette base linguistique pour développer ses capacités dans une deuxième, une troisième ou une quatrième langue.[115]

L'enfant et le bilinguisme

Lorsque nous sommes confrontés à deux langues, à l'oral ou à l'écrit, les adultes que nous sommes les catégorisent en tant que telles, c'est-à-dire anglais et espagnol, ou français et allemand. Du point de vue de l'enfant bilingue, les deux langues composent son même répertoire linguistique. Il apprend tôt ou tard à sélectionner les mots d'une langue en particulier pour s'adapter à son environnement. La sociolinguiste Ofelia García utilise le terme translanguaging pour faire référence à cet usage intelligent des langues. Dans les classes bilingues, les élèves développent un système linguistique personnel, aux caractéristiques variées qui ont été socialement assignées à deux langues différentes. Ofelia García souligne l'importance de ne pas imposer l'usage d'une seule de ces langues. Si l'on empêche les enfants d'apporter leur langue maternelle et leurs expériences personnelles en classe, alors ils inventeront leur propre langage *pidgin* (un mélange de langues simplifiées), utiliseront une autre langue, ou trouveront un autre moyen de communiquer lorsqu'ils sont en groupe.[116] Cctte pratique est contrc-productive, en particulier quand leur langue maternelle peut être incorporée à l'environnement académique ou social.

Au-delà de tout ce que peuvent faire les éducateurs, l'éducation bilingue est plus efficace si l'élève peut apporter en classe ce qu'il a appris en dehors de l'école, et inversement. Il arrive souvent que les enseignants créent deux espaces linguistiques distincts, souvent pour leur propre bénéfice et non celui de l'élève, dans le but de mieux organiser leur méthode d'enseignement. Il arrive que certaines classes bilingues soient coupées en deux par des lignes imaginaires. Être trop strict vis-à-vis de la séparation des langues ne profite pas à l'enfant mais limite au contraire sa progression naturelle. C'est pourquoi il est primordial de développer des filières bilingues flexibles qui célèbrent la créativité linguistique et ne vont pas à l'encontre du procédé naturel d'acquisition linguistique.

Une des missions les plus importantes des filières bilingues est d'apprendre aux élèves de maternelle et de CP à lire dans leur langue maternelle, que ce soit l'anglais ou la langue cible. La capacité à lire dans plusieurs langues ouvre la porte de mondes insoupçonnés où le sens original du texte n'est pas altéré par la traduction. L'entraide et la collaboration visibles dans les classes bilingues sont incroyables. Les élèves interagissent avec leurs enseignants anglophones et leurs enseignants de langue étrangère, souvent en même temps. En 2006, Claude Goldenberg, Professeur à l'Université de Stanford, mena cinq études expérimentales qui confirmèrent l'effet additionnel qu'avait l'apprentissage dans sa langue maternelle sur la maîtrise d'une deuxième langue.

Puisque les enfants bilingues utilisent chaque langue dans des situations, des domaines et des contextes différents, on pourrait penser que leur vocabulaire en serait réduit, surtout en observant chaque langue séparément.

Si les échanges avec la famille, à la maison et pour le jeu se concentrent sur une seule langue, et que le langage académique et scolaire se développe dans une autre, alors il semblerait normal que le vocabulaire des enfants soit plus restreint dans chacune de ces langues. Pourtant, les études montrent que lorsqu'on étudie l'ensemble des deux lexiques, le vocabulaire des enfants bilingues est en fait plus riche. François Grosjean appelle ce phénomène le principe de complémentarité, soit l'idée que les enfants utilisent différentes langues pour différentes situations, différentes personnes, différents contextes ou différentes activités. Bien sûr, ces langues peuvent se chevaucher sur plus d'un domaine (par exemple celui des interactions courantes comme les salutations, les banalités ou les courses). D'autres sphères de la vie ne sont souvent couvertes que par une langue (comme les contrats ou accords commerciaux, le jargon académique ou les mots spécifiques à une région). Ces champs linguistiques évoluent au fur et à mesure que les enfants développent des vocabulaires plus globaux et apprennent à opérer de façon bilingue dans plus de contextes.

Rien n'est jamais parfait

Si ce chapitre s'est principalement concentré sur les bienfaits du bilinguisme, il serait malvenu de ne pas évoquer les inconvénients possibles de la vie bilingue. Nombre de personnes bilingues racontent par exemple rencontrer des difficultés à communiquer dans leur langue la plus faible, particulièrement dans des contextes où ils n'ont pas l'habitude de l'utiliser. D'autres ont du mal à traduire et souffrent d'un manque de vocabulaire dans une langue particulière. Il arrive également que les personnes bilingues soient difficilement acceptées en tant que telles (des membres d'au moins deux cultures, qui parlent au moins deux langues) par chacune des sociétés avec lesquelles elles interagissent. Néanmoins, la grande majorité des personnes bilingues voient la capacité de parler plus d'une langue comme une expérience extrêmement positive. Il semble donc justifié d'affirmer que les avantages du bilinguisme surpassent largement ces difficultés mineures.

Le potentiel du bilinguisme

Quand on regarde la richesse du patrimoine linguistique des États-Unis et le nombre de communautés qui pourraient bénéficier de ces filières, il est impossible de ne pas voir l'énorme potentiel qu'aurait l'implantation de filières bilingues qui engendreraient un réel changement social et une avancée collective des États-Unis. Pour faire simple, trop peu de filières bilingues sont disponibles, notamment au regard des avantages de l'éducation bilingue et de l'intérêt croissant pour le bilinguisme dans le pays. Les avantages du bilinguisme peuvent et doivent être étendus à bien plus d'enfants, afin qu'il leur soit possible de mener des vies riches, prospères et épanouies.

CHAPITRE 13

L'éducation bilingue *Made in USA* : ce qu'il faut savoir pour se lancer

Le débat qui entoure l'éducation bilingue aux États-Unis tourne souvent autour de la question de l'immigration. Historiquement, les programmes bilingues des États-Unis ont toujours été globalement perçus comme un modèle de transition, un moyen d'aider les immigrants à apprendre l'anglais. Les partisans de ces programmes ne se concentrent pourtant pas sur les avantages de la maîtrise de deux langues. En fait, ces programmes n'accordent même quasiment aucune valeur à la préservation de la langue maternelle, négligeant la multitude d'avantages offerte par l'éducation dans la langue maternelle, en plus de l'anglais.

Les filières bilingues pour tous, tous pour les filières bilingues

Les programmes d'anglais seconde langue s'adressent traditionnellement aux enfants dont la langue familiale n'est pas l'anglais, ce qui est tout à fait compréhensible. Ces filières ont évolué, ces dernières années, vers un modèle d'éducation bilingue qui se concentre davantage sur les bienfaits du bilinguisme pour les enfants qui parleraient ou non une autre langue, plutôt que sur les besoins des immigrants.

À présent, de plus en plus de filières bilingues ou plurilingues sont créées, à la fois pour les apprenants de l'anglais et les anglophones pour qui l'anglais est la première langue. Cela s'explique en partie par le fait qu'enseigner en plusieurs langues à des enfants les rend plus compétitif dans une économie globale. En plus, cela renforce leur aptitude à connaître d'autres langues étrangères, à mieux écouter en classe, à avoir des facilités en lecture et même à avoir de meilleurs résultats en mathématiques. Ces filières permettent aux élèves de bénéficier des avantages qu'apporte le bilinguisme, qu'importe les aptitudes linguistiques dont ils ont héritées au départ.

Les filières bilingues des États-Unis existent dans de nombreuses langues. Si l'anglais figure toujours parmi l'une des deux langues, on trouve des filières en espagnol, chinois, coréen, français, japonais, allemand, russe, portugais, arabe, italien, cantonais, hmong, bengali, urdu, créole, cup'ik ou objiwe, pour n'en nommer que quelques-unes. On peut même trouver une filière bilingue en langue des signes américaine.[117] Chacune de ces langues reflète l'esprit de sa communauté, sa diversité, ses centres d'intérêt, son envie partagée de faire réussir ses enfants. En créant ces filières, chaque communauté contribue à rendre les États-Unis plus compétitifs tant dans le domaine éducatif qu'économique.

L'éducation bilingue aux États-Unis a plusieurs facettes. Aucune loi fédérale ne régule les contenus académiques. Chaque district scolaire est en charge de sa propre pédagogie, alors que les normes sont définies au niveau de l'État. Cependant, le nombre et la grande variété des filières bilingues peuvent surprendre les parents et les éducateurs qui voudraient introduire de tels programmes au sein de leurs communautés. Lorsqu'on parle de ces filières, il est très important de définir clairement les différentes terminologies qui s'y appliquent. Ce livre s'appuie sur les définitions fournies par l'Office of English Language Acquisition du Département de l'éducation des États-Unis :

- Les filières bilingues à double sens (connues aussi sous le nom de filières d'immersion à double sens), dans lesquelles les apprenants de l'anglais, qui parlent couramment la langue partenaire, et leurs camarades anglophones reçoivent une éducation à la fois en anglais et dans la langue partenaire.
- Les filières bilingues à sens unique, dans lesquelles les élèves d'un groupe à prédominance linguistique reçoivent une éducation à la fois en anglais et dans une langue partenaire. Ces filières peuvent être destinées principalement aux apprenants de l'anglais (et sont alors connues sous le nom de filières bilingues de développement ou de maintien), à une majorité d'élèves anglophones (et sont alors connues sous le nom de filières d'immersion en langue étrangère ou à sens unique), ou à une majorité d'élèves dont le milieu familial ou culturel est lié à la langue partenaire (et sont connues alors sous le nom de filières

de langue d'héritage ou de langue maternelle).[118]

Plusieurs petites différences viennent façonner chaque filière bilingue. Les matières enseignées (l'enseignement des mathématiques dans la langue cible plutôt que les sciences sociales) ou la durée du programme ne sont pas toujours les mêmes.

L'immigration et la montée des filières bilingues : une perspective historique

L'histoire de l'éducation bilingue aux États-Unis a connu des hauts et des bas, au gré des différentes vagues migratoires du pays. De l'arrivée des Européens au tournant du XXème siècle, aux Portoricains dans les années 1940, en passant par l'exode massif des Cubains aux débuts des années 1960, l'objectif premier des familles immigrantes n'a jamais été de préserver leur langue maternelle mais plutôt de maîtriser la langue dominante, l'anglais, le plus vite possible pour pouvoir survivre. À l'époque de ces vagues d'immigration, des écoles dans les différentes langues maternelles se développèrent en dehors du système éducatif public. Les programmes périscolaires après l'école ou le week-end devinrent un moyen de garder un certain contact avec ce patrimoine linguistique et culturel. Toutefois, les familles restaient principalement focalisées sur l'apprentissage de la langue anglaise et l'intégration des enfants dans leur nouvel environnement afin d'assurer leur future réussite.

Ce contexte d'immigration massive entraina par la suite des décisions législatives qui eurent un impact conséquent sur l'éducation bilingue. En 1965, l'évolution démographique du pays entraîna de grandes réformes de l'immigration aux États-Unis. Avant cette date, l'essentiel de l'immigration venait d'Europe de l'Ouest. À partir de 1965, le nombre d'immigrants venus de Chine et d'Asie de l'Est se mit à augmenter très rapidement. Ces immigrants ne parlaient pas anglais à leur arrivée, leurs enfants non plus. Il leur était impossible d'accéder aux services nécessaires à la réussite scolaire de leurs enfants. Les communautés immigrantes se rendirent vite compte que l'action en justice était le seul moyen de changer le système éducatif.

Dans la ville de New York, les parents portoricains s'allièrent à ASPIRA (une association qui cherche à valoriser les communautés portoricaine et latino-américaine) et aux United Bronx Parents afin de lutter pour les droits des apprenants de l'anglais. Convaincus que le milieu linguistique et culturel d'un enfant est une composante essentielle de l'éducation, leur bataille se concentra sur l'instauration de l'éducation bilingue dans les écoles publiques. En 1972, ASPIRA poursuivit la ville de New York devant la Cour Fédérale, pour atteinte aux droits civils de la communauté hispanique, exigeant que des classes d'éducation en espagnol soient établies pour les élèves latino-américains en difficulté. ASPIRA signera finalement un accord convenu avec le Département de l'éducation de la ville de New York en 1974, aujourd'hui considéré comme une étape clé de l'histoire de l'éducation bilingue aux États-Unis.[119]

En 1974, des élèves sino-américains de San Francisco se présentèrent devant les tribunaux arguant du fait qu'on violait leurs droits civils à l'école en ne leur proposant pas un cours d'anglais adapté. Cette situation les privaient des mêmes opportunités dont jouissaient les autres élèves et ce, en dépit de la loi de 1964 sur les droits civils qui interdisait toute discrimination en milieu scolaire sur la base des origines ethniques des élèves. La Cour suprême rendit un jugement favorable envers eux, lors d'un procès qu'on appelle désormais le cas *Lau vs. Nichols,* en prononçant un verdict qui réaffirma qu'ils avaient droit à l'égalité à l'école. Ce cas juridique reflète, entre autres, une vision maintenant largement acceptée selon laquelle la langue d'une personne est étroitement liée à ses origines ethniques et que la discrimination basée sur la langue n'est rien d'autre que de la discrimination basée sur les origines.[120]

Quelques années après le jugement *Lau vs. Nichols* et la fin de la guerre du Vietnam, une nouvelle vague d'immigrants réfugiés venue d'Asie du Sud-Est vint submerger les États-Unis, conséquence du Southeast Asian Immigration Act de 1979. Les côtes américaines du Golfe du Mexique accueillirent des milliers de Vietnamiens, tandis que les Hmong du nord du Vietnam, du Laos et du Cambodge s'installèrent au Minnesota.[121] Aujourd'hui, le Minnesota est la région qui compte le plus de locuteurs hmong et de filières bilingues hmong aux États-Unis. Cet État fait aussi partie de ceux qui cherchent à promouvoir la diversité et à soutenir les personnes pour qui l'anglais n'est pas la langue maternelle, développant activement des filières bilingues et fournissant les ressources nécessaires à ses enseignants. Les réfugiés venus de différentes zones de combat ont joué un grand rôle dans la redynamisation de certaines communautés américaines, comme par exemple les Hmong d'anciens quartiers abandonnés de Minneapolis, les Bosniaques à Utica dans l'État de New York, les Somaliens à Lewinston dans le Maine, ou les Syriens à Detroit dans le Michigan. Dès les années 1980, plusieurs *magnet schools* à filière bilingue (des écoles autorisées à recruter des élèves dans toute la ville) ouvrirent pour accélérer le processus de déségrégation dans des villes comme Tucson en Arizona, en attirant des élèves blancs dans des écoles aux populations scolaires minoritaires.

Vaincre le tabou du bilinguisme aux États-Unis

Au fond, c'est la position géographique des États-Unis qui pose problème. Contrairement à l'Europe, où il est normal de partager des frontières avec plusieurs populations parlant différentes langues, les opportunités d'échanges linguistiques aux États-Unis sont limitées par l'étendue du territoire. Le pays est plus enclin à être autonome. En plus de cela, les États-Unis sont mieux positionnés que la plupart des pays en termes d'opportunités économiques et de niveau de vie ; c'est pourquoi beaucoup d'Américains ne ressentent pas le besoin d'apprendre une deuxième langue qui viendrait enrichir leur situation personnelle ou professionnelle.

Les experts s'accordent à dire que les États-Unis sont toujours en retard dans l'apprentissage de langues étrangères, ce qui a pour effet de ralentir leur compétitivité mondiale.[122] Ce problème linguistique s'imposa clairement lorsque des messages en arabe du 11 septembre, interceptés par les renseignements américains avant l'attentat, ne purent être traduits à temps par manque de traducteurs arabophones.[123] Face à une pénurie de personnes sachant parler ces «langues critiques », le Département d'État décida de subventionner des filières d'immersion dans plusieurs langues majeures comme l'arabe, le chinois, le russe, le japonais et le coréen. Cependant, en prenant pour cible des étudiants à l'université, ayant déjà largement dépassé l'âge idéal pour maîtriser parfaitement une langue, ces efforts n'eurent pas les effets escomptés. Des programmes d'immersion plus courts, comme des camps d'été, sont de plus en plus populaires mais présentent des résultats contrastés.

Dans les années 1990 et début 2000, les filières bilingues furent la cible d'attaques qui dénonçaient leur incapacité supposée à apprendre l'anglais aux immigrants. Des campagnes électorales réussirent à interdire les filières bilingues de transition en Californie, en Arizona et dans le Massachusetts.[124] Cela eut pour conséquence de stigmatiser les Latino-Américains, Asiatiques, Polynésiens, Africains, Caribéens, Amérindiens et d'autres groupes linguistiques minoritaires des États-Unis. Cela renforça aussi le mouvement

English only qui continue d'influencer bien des membres du Congrès pour les pousser à instaurer des politiques tournées vers l'anglophonie exclusive.[125] Malgré l'adversité, certaines écoles réussissent à trouver des failles dans ce système et à adopter le modèle des filières bilingues, désormais appelées dual-language, en substituant habilement le mot « bilingue » devenu trop politisé et connoté.

En dépit de ces quelques revers, les filières bilingues commencent enfin à prospérer. Certains États comme la Géorgie, le Delaware et la Caroline du Nord se sont mis à investir dans les filières bilingues. Le Minnesota a révisé son budget et ses politiques éducatives pour les jeunes élèves bilingues. New York et l'Oregon sont en train de chercher une stratégie qui donnera des résultats sur le long terme pour les enfants bilingues. L'Utah possède le troisième plus grand nombre de filières bilingues aux États-Unis. Des législateurs de la Californie et du Massachusetts ont proposé d'annuler leurs interdictions sur l'éducation bilingue ; et la liste continue... Le simple fait que l'éducation bilingue soit à nouveau un sujet politique prouve bien la réussite de ces programmes.

En 2000, Richard Riley, à l'époque Ministre de l'éducation, demanda à ce que le nombre de filières bilingues passe d'environ 260 à 1000 avant 2005. Selon la base de données du Center for Applied Linguistics, qui recense les filières d'immersion à sens unique et à double sens, ce chiffre a été largement atteint.[126] Bien que cela soit dur à vérifier, certaines estimations se rapprochent même de 2000 filières aux États-Unis.[127] Néanmoins, si ces chiffres n'augmentent que très doucement, cette tendance devrait s'accélérer grâce aux efforts de la Révolution bilingue.

Une voie vers l'avenir bilingue ouverte par les États

L'Utah a le troisième plus grand nombre de filières bilingues aux États-Unis, avec environ 140 écoles qui profitent à 34 000 élèves en 2017. Aussi étrange que cela puisse paraître, les filières bilingues en Utah, un État géographiquement isolé des principaux centres économiques, sont en pleine croissance malgré une population peu diverse sur les plans ethnique et linguistique. L'immersion en langue étrangère y a été conçue, soutenue et mise en place grâce à la vision de personnalités politiques qui ont identifié les besoins linguistiques de l'État et leur potentiel pour le commerce, l'administration et l'éducation. En 2008, le Sénat de l'Utah adopta l'*International Education Initiative*, apportant des fonds aux écoles pour leur permettre d'ouvrir des filières bilingues en chinois, en français et en espagnol. L'allemand et le portugais furent ajoutés plus tard, et l'arabe et le russe sont prévus pour les années à venir.[128]

L'initiative bilingue de l'Utah suit un modèle d'immersion partielle, où les élèves reçoivent la moitié de leur éducation dans la langue cible et l'autre moitié en anglais. Chaque classe a deux enseignants, le premier qui enseigne uniquement dans la langue cible la première moitié de la journée, et le deuxième qui enseigne en anglais le reste de la journée. La plupart des filières commencent en CP, avec seulement quelques-unes en maternelle. Une fois au lycée, la plupart des jeunes s'inscrivent à des cours de langues avancés, pour passer les examens *AP World Languages and Cultures* en Troisième. Pendant les années de lycée, ils peuvent suivre, par le biais d'un système d'apprentissage hybride, des cours de niveau universitaire proposés par six grandes universités de l'Utah. Les lycéens sont également encouragés à apprendre une troisième langue. Cet ensemble de filières représente une étape importante de l'évolution de l'éducation bilingue.

L'impact négatif du manque de continuité des filières bilingues au niveau du lycée

Les filières bilingues des écoles publiques du pays ont tendance à s'arrêter après le primaire, et très peu d'entre elles continuent jusqu'au collège. Lorsqu'elles continuent après le primaire, la plupart de ces filières offrent plus d'heures dans la langue cible quand les élèves sont jeunes, et ajoutent plus d'heures en anglais au fur et à mesure que les enfants grandissent, au collège et au lycée. C'est bien dommage car, même si les filières proposent d'excellentes opportunités d'apprentissage de la langue en primaire, ce manque de continuité diminue fortement le bénéfice des capacités acquises par les enfants à un si jeune âge, qu'ils risquent même de perdre s'ils ne continuent pas à pratiquer la langue par la suite. J'ai été particulièrement engagé auprès du Boerum Hill School for International Studies, un collège et lycée publics de Brooklyn, pour chercher à résoudre ce problème en combinant le programme du Baccalauréat International avec la filière bilingue français-anglais de la Sixième à la Terminale. Notre objectif était de permettre à tous les élèves d'en sortir avec le diplôme bilingue du Baccalauréat International et d'être acceptés dans les meilleures universités du monde.

Alors que la mondialisation nous rapproche plus que jamais, nous devons réfléchir notre compétitivité au niveau international. Connaître plusieurs langues et plusieurs cultures peut donner cet avantage aux Américains. Des cohortes de jeunes lycéens et universitaires devraient débarquer dans le monde du travail, prêts à affronter le marché mondial. L'éducation bilingue a le potentiel de favoriser le respect et la tolérance, alors que la compréhension de cultures différentes de la nôtre est aujourd'hui cruciale. Lorsque des parents exigent ce type d'éducation, la révolution est en marche. L'éducation bilingue ne cesse de montrer d'incroyables résultats mais son développement est ralenti par un manque de mobilisation nationale autour du multilinguisme. Nous avons besoin d'une Révolution bilingue afin d'établir la prédominance de l'éducation bilingue dans ce pays et ailleurs, pour le bien de tous.

Le futur de l'éducation s'écrit en deux langues

Ces quinze dernières années, les communautés linguistiques de nombreuses villes des États-Unis ont initié et développé des dizaines de filières bilingues dans plusieurs langues, dont quelques-unes ont servi d'exemples dans les chapitres précédents. Les récits de ce livre illustrent la passion et l'enthousiasme que partagent tous ceux qui ont participé à la construction de ces filières, et prouvent qu'il est possible de les créer même si on ne maîtrise pas ou très peu ce secteur. En partageant les histoires de la Révolution bilingue de New York et la feuille de route utilisée par ses acteurs, le livre se veut comme un guide utile pour les parents et les éducateurs qui envisagent d'en faire de même dans leur école. Les initiatives japonaise, italienne, allemande, russe, arabe, polonaise, espagnole, chinoise et française de New York ont beau être conçues différemment, elles offrent toutes le même enseignement : la vision de quelques parents peut se métamorphoser en un mouvement au service de nos écoles et de nos enfants. Dans ce cas précis, il a transformé le modèle de l'éducation bilingue en une solution viable et souhaitée par toutes les familles (même celles qui ne scolarisent pas leurs enfants dans ces écoles), apportant de nombreux avantages à nos communautés scolaires, qu'elles se situent aux États-Unis ou ailleurs dans le monde. Ces filières sont bien plus que de simples cursus linguistiques. Elles permettent aux enfants de mieux appréhender les cultures qui les entourent en leur proposant des échanges interculturels au sein de l'école. Elles renforcent et soutiennent notre patrimoine linguistique. Elles promeuvent la valeur de la diversité culturelle et linguistique dans toutes les sociétés du XXIème siècle.

Lorsqu'on pense à l'univers mondialisé dans lequel nous vivons aujourd'hui, il n'est plus possible de se cramponner à l'idée qu'une seule langue puisse suffire. Dans le contexte des États-Unis, le monolinguisme anglophone est réellement un frein au développement de la société qui passe ainsi à côté de l'énorme ressource linguistique que représentent ses citoyens. Alors que le monde entier apprend l'anglais et devient ce faisant multilingue, les États-Unis sont à la traine. Il est impératif que, dans ce pays, nous soyons capables de lire, écrire et communiquer dans plus d'une langue. Si nous ne parvenons pas à sortir de ce sentiment de suffisance, ce sont nos enfants qui en souffriront en ne profitant pas des bienfaits personnels, sociaux, professionnels et académiques que le bilinguisme pourrait leur offrir. Comme l'a dit un jour l'ancien responsable des langues et des programmes d'immersion du Département de l'éducation de l'Utah, Gregg Roberts, « le monolinguisme est l'illettrisme du XXIème siècle ».

La plupart des enfants ne parlant pas anglais qui arrivent aux États-Unis perdent leur langue d'origine dès la deuxième génération. Grands-parents et petits-enfants ne peuvent plus communiquer entre eux. Il arrive même que parents et enfants ne parviennent plus à communiquer correctement. De nombreuses familles présentées dans ce livre n'étaient tout simplement pas disposées à subir le même sort. Ces parents étaient convaincus des nombreux avantages multigénérationnels de la préservation de leurs héritages respectifs, chargés des trésors de la littérature, de culture et d'histoire, et qui entretiennent un sentiment de fierté et d'identité. Tous comprennent qu'une filière bilingue contribue à une société dynamique, riche et diversifiée. Plus que tout, ils comprennent que le bilinguisme est une histoire de famille. Une histoire de préservation de ce que nous sommes, de façon si puissante qu'elle dépasse l'apprentissage linguistique lui-même.

Dans notre société actuelle, l'anglais a le pouvoir d'anéantir d'autres langues, des langues d'une grande valeur, qui transmettent de riches cultures, histoires et savoirs. Avec ce pouvoir linguistique dominant viennent les forces de l'américanisation et de l'assimilation, qui sont souvent portées aux extrêmes. Les enfants découvrent par eux-mêmes le poids énorme de l'anglais dans notre environnement monolingue. Leur langue maternelle leur apparaît alors souvent sous un jour négatif. Au lieu de céder à cette pression, nous devons leur apprendre, apprendre à leurs parents, à leurs écoles et à leurs communautés qu'être bilingue est ce qu'il y a de mieux. Bien que l'apprentissage des langues soit une préoccupation globale, la Révolution bilingue commence localement, dans les quartiers, les écoles et les communautés. Le bilinguisme est d'une grande valeur pour chacun d'entre nous. Plus nous serons capables de communiquer avec les membres de notre communauté, ainsi qu'avec ceux des autres, plus le tissu de notre société sera solide.

Comme en témoignent les histoires de ce livre, il n'est pas toujours facile de créer une filière bilingue en partant de zéro. Toutefois, si les parents suivent les conseils de la feuille de route, et que les autorités scolaires développent des consignes plus claires et des mécanismes de soutien, les initiatives de ce genre seront capables d'opérer de façon plus efficace, maximisant leurs chances de réussite. Les épreuves, l'endurance et la persévérance décrites ici montrent bien que notre système éducatif tout entier doit être remodelé. Les écoles doivent enfin être capables de répondre à la demande croissante d'éducation bilingue, en épousant complètement l'idée du bilinguisme.

Dans les cas étudiés au fil de ce livre, ce sont les parents qui travaillèrent inlassablement pour réussir à intégrer les filières bilingues à leurs écoles. Ce sont eux qui consacrèrent sans ménagement leur temps, leurs efforts, leur détermination et leur engagement à cette entreprise. Ce sont eux qui cherchèrent, planifièrent et instaurèrent ces nouvelles filières bilingues dans leurs écoles. Ce sont eux qui formèrent une mécanique bien huilée et imaginèrent des stratégies remarquables pour trouver des écoles et recruter des familles. Même quand les bases avaient été posées mais que l'initiative n'avait pu aboutir à temps, les parents continuèrent à aller de l'avant. Malgré les obstacles, les revers et la paperasserie administrative qui semblait ne jamais finir, ces parents, tout comme les administrateurs et les enseignants, n'abandonnèrent jamais. Ces groupes ont permis à leurs communautés, et même à leur pays, de faire un grand bond en avant.

Toute révolution s'accompagne de difficultés qu'il faut surmonter avant de pouvoir la reproduire à grande échelle. Au cœur de ces difficultés, on retrouve le financement et les budgets des écoles. Presque toutes les écoles contactées par les parents de ce livre évoquèrent le besoin de ressources supplémentaires pour permettre la création de telles filières. L'accès au matériel scolaire dans la langue cible est un problème fréquemment rencontré par les éducateurs. Leur rareté et leur coût sont des obstacles de taille, particulièrement pour les écoles qui n'ont pas les ressources suffisantes. Les surmonter requiert une collaboration solide entre administrateurs scolaires, fondations et associations qui peuvent apporter des contributions essentielles pour ces filières. La réussite de nombreuses sections bilingues dépend du soutien sans faille de ces partenariats fructueux.

Un défi tout aussi important vient des difficultés liées au recrutement d'enseignants bilingues. Les lois qui régulent les conditions nécessaires pour enseigner dans une école publique des États-Unis varient d'un État à l'autre. Le pool de candidats s'en trouve significativement réstreint. Une certification nationale plutôt que par État pourrait être un moyen de lutter contre ces difficultés administratives. Par ailleurs, seul un nombre réduit d'enseignants dispose de la citoyenneté américaine ou d'une carte verte. Bien que les écoles puissent accorder différents visas, ces derniers restent temporaires. Certains États ne permettent ce procédé que si aucun autre enseignant américain certifié ne peut faire le même travail. Cela réduit considérablement les opportunités pour les écoles qui cherchent à embaucher des locuteurs natifs de la langue cible, afin de créer un environnement plus immersif. Ce problème est encore plus présent dans les écoles éloignées des grands centres urbains. Par chance, il existe une solution qui pourrait fonctionner sur le long terme. Alors que les élèves actuellement inscrits dans une filière bilingue terminent leur éducation et deviennent eux-mêmes enseignants, ils ont le potentiel de devenir des éducateurs bilingues certifiés, qualifiés et compétents. Une fois que le bilinguisme sera devenu la règle et non plus l'exception, les candidats qualifiés seront moins difficiles à trouver. En leur laissant le temps de grandir, les filières bilingues deviendront des cursus durables.

De plus en plus de signes rassurants montrent que les Américains souhaitent désormais élargir leurs horizons, voir au-delà des confins de leur propre pays et reconnaître la richesse et la diversité de leur culture actuelle. Il est de plus en plus courant que les Américains parlent une autre langue que l'anglais chez eux, en partie grâce à l'immigration. Parler couramment plus d'une langue est progressivement en train de devenir la norme, surtout dans les grandes villes. Par ailleurs, l'intérêt des parents pour le bilinguisme ne fait qu'augmenter à mesure qu'ils découvrent ce que l'éducation bilingue précoce peut offrir à leurs enfants. Les avantages cognitifs, académiques, sociaux, personnels et professionnels sont indéniables. Le bilinguisme et le biculturalisme sont désormais perçus comme des atouts, pas uniquement pour leurs vertus culturelles mais aussi pour leur capacité à produire des « citoyens du monde ». Il ne faut plus en douter : l'éducation bilingue devrait être accessible à chaque enfant, aux États-Unis et dans le monde.

La Révolution bilingue s'est créée sur des bases posées par les parents. À présent, le pouvoir est entre vos mains. La feuille de route et les récits de ce livre vous sont destinés. Apprenez de leurs réussites et de leurs échecs.

Utilisez-les comme une source d'inspiration et de motivation pour votre communauté. Et tout au long de cette aventure, rappelez-vous que vous êtes soutenu par un mouvement mondial qui croit au pouvoir du bilinguisme. C'est plein d'optimisme et d'espoir que je vous passe le flambeau de la Révolution bilingue. Le futur de l'éducation a beau s'écrire en deux langues, c'est à nous de l'imaginer !

Annexes

La feuille de route (version abrégée)

Voici une version abrégée de la feuille de route pour les parents intéressés par la création d'une filière bilingue dans une école publique. Les parents ont le pouvoir de faire la différence dans leurs communautés en initiant une filière bilingue, peu importe où ils habitent.

Cette feuille de route est divisée en trois étapes :

1. S'adresser à la communauté — Créer une base de familles intéressées

2. Trouver une école — Trouver un directeur intéressé par l'ouverture d'une filière bilingue

3. Lancer la filière — Aider et soutenir le directeur dans la préparation du lancement

Première étape
S'adresser à la communauté : créer une base de familles intéressées

Pour que l'initiative fonctionne, vous devez être prêt à entrer en relation avec des dizaines, si ce n'est des centaines d'individus de votre communauté pour former une base de familles intéressées. Vous pouvez commencer par créer un noyau de parents que vous connaissez et en qui vous avez confiance. Ce sont ces parents qui partageront votre vision, même s'ils n'ont pas d'enfants qui en bénéficieront directement.

Si vous n'avez pas de langue cible en tête en débutant ce projet mais que vous êtes intéressé par la filière bilingue comme moyen d'instruire votre enfant, il est préférable de vous renseigner sur le patrimoine linguistique de votre communauté afin d'estimer le soutien que vous pourriez recevoir. Comprendre les nuances culturelles sur lesquelles s'appuiera une communauté pour juger de votre proposition est primordial. L'identification de partenaires et d'autres entrepreneurs éducatifs au sein de la culture cible facilitera le projet qui, présenté sous un angle favorable. Il aura plus de chances d'être accepté par la communauté.

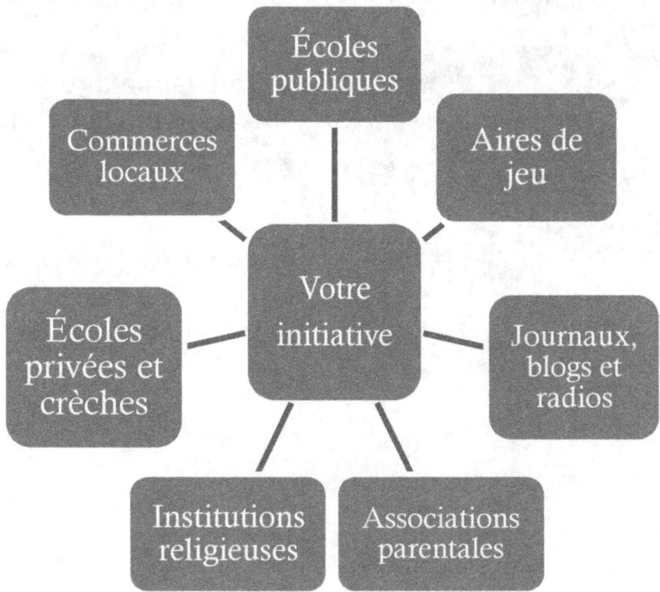

Voici quelques moyens de trouver des familles intéressées :

- Faites une annonce publique sur les réseaux sociaux, les blogs de parents, les blogs communautaires, les bulletins, les affiches ou le bouche-à-oreille, en précisant que vous cherchez des personnes prêtes à vous aider à créer une filière bilingue dans une langue spécifique.
- Explorez les réseaux déjà existants, les associations de commerçants, les centres religieux, les centres communautaires et identifiez des enfants parlant une autre langue dans le périmètre de votre district scolaire.
- Distribuez une lettre ou un prospectus quand vous vous rendez à des réunions ou que vous faites une présentation.
- Contactez les maternelles et les crèches du quartier, les programmes « Head-Start », les écoles privées, les écoles de langues, les centres culturels, les institutions religieuses, les associations de parents et les agences municipales qui aident les familles.
- Engagez la conversation avec des parents sur l'aire de jeu de votre quartier, au supermarché ou à l'école, là où les familles pourraient chercher d'autres options de cursus éducatifs pour les frères et sœurs plus jeunes.
- Portez des vêtements, des casquettes ou des badges facilement identifiables qui susciteront la curiosité d'autres parents.

Une fois que votre groupe a réuni suffisamment de bénévoles, vous pouvez commencer à organiser des comités pour répartir les tâches. Il en faut plusieurs, parmi lesquels : celui qui s'adressera à la communauté, celui qui cherchera l'école et celui en charge du programme scolaire. D'autres comités peuvent être montés à différentes étapes du projet en fonction des besoins, comme un comité de recrutement d'enseignants, un comité de levée de fonds ou un comité d'activités extra-scolaires, pour n'en citer que quelques-uns.

Collecter les données

Votre comité en charge de la communauté doit se concentrer sur la collecte de données concernant les familles, à savoir :

- Le nombre de familles intéressées par la filière,
- Les langues parlées à la maison et comprises par les enfants,
- Leurs dates de naissance et celle de leur entrée prévue en primaire,
- Les districts ou les zones scolaires des familles.

Ces données vous aideront à déterminer si la filière bilingue que vous soutenez sera à sens-unique ou à double sens :

- Sens unique : un seul groupe d'enfants qui parlent la même langue et reçoivent un enseignement dans une autre langue.
- Double sens : deux groupes d'enfants partagés en un groupe dont la langue maternelle est la langue cible de la filière, et un autre groupe dont la langue maternelle est la langue officielle (ici, l'anglais).

Cette décision dépendra du nombre de locuteurs natifs qui s'inscriront dans la filière. Pour fixer un chiffre à atteindre, vous devrez vérifier le nombre moyen d'élèves inscrits dans une classe initiale de votre école, et la législation sous laquelle opère le district de l'école vis-à-vis des enfants qui ne parlent pas la langue officielle.

Ainsi, vos recherches devront :

- Déterminer le nombre d'élèves par district ou zone scolaire considérés comme non-locuteurs natifs ou « English Learners ».
- Déterminer le nombre d'élèves par district ou zone scolaire considérés comme bilingues.
- Déterminer le nombre d'élèves par district ou zone scolaire considérés comme locuteurs natifs de la langue officielle (ici, l'anglais), qui n'ont aucune connaissance de la langue cible et

dont les familles sont prêtes à s'engager pour une longue durée.

Ces données vous aideront à expliquer comment votre filière bilingue répondra aux différents besoins de la communauté. Cela peut aussi être un moyen d'obtenir des financements supplémentaires de la part d'agences gouvernementales et d'associations philanthropiques, en particulier celles qui viennent en aide aux apprenants de l'anglais.

L'initiative commence souvent avec un nombre de familles potentielles très important, dont il ne reste qu'un petit groupe le jour de l'ouverture. Pour votre projet, il est recommandé de recruter plus d'élèves que le nombre demandé par les écoles locales pour ouvrir une filière bilingue.

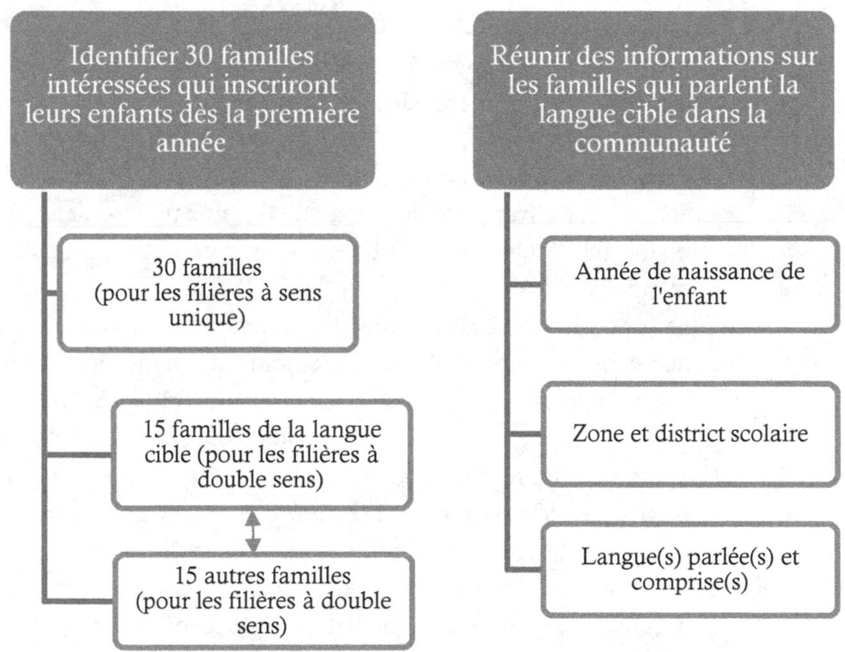

S'adresser à la communauté

Une des entreprises dans laquelle il faut s'engager le plus tôt possible est la création d'une base de soutien communautaire, comprenant des personnes d'influence, des élus locaux ou des associations.

Cela implique de :

- Participer à des réunions dans votre communauté et d'informer votre public sur l'initiative de la filière bilingue.
- Prendre rendez-vous avec les officiels scolaires (Département de l'éducation au niveau de l'État, recteurs de districts scolaires, directeurs généraux de réseaux scolaires, chefs de bureau pour les apprenants de l'anglais, etc) pour partager vos données et répondre à leurs questions.
- Faire participer les chefs d'établissements à ces réunions pour jauger leur façon de voir l'éducation bilingue.
- Échanger des informations avec les associations parentales, les parents délégués et les enseignants.
- Contacter les divers comités de la communauté scolaire, la direction de l'école, les chefs de communauté et les conseillers municipaux.
- Organiser des rencontres dans les cafés, les restaurants, les boulangeries, au domicile des membres ou dans un espace public pour présenter vos idées, mesurer l'intérêt suscité par le projet et recruter des familles potentiellement intéressées. Lorsque ces rassemblements ont lieu, pensez à inviter un ou plusieurs des acteurs mentionnés précédemment pour faire un discours ou partager observations et idées nouvelles.
- S'adresser aux ambassades, aux consulats, aux consuls honoraires, aux centres culturels au service d'une langue ou d'un pays, aux fondations tournées vers l'éducation et le développement d'une communauté, aux offices de tourisme, aux chambres de commerce bi ou multinationales, et aux sociétés et fédérations culturelles et patrimoniales.

Comité en charge du programme

Votre comité en charge du programme peut vous aider lors des différentes étapes de cette démarche pour :

- Rassembler et partager les données sur les nombreux avantages de l'éducation bilingue lors de réunions d'informations avec les parents de la communauté.
- Visiter d'autres filières bilingues déjà établies dans le but de déterminer les meilleures pratiques et voir directement comment une filière est gérée.
- Interagir avec d'autres filières déjà établies afin de poser des questions sur l'implication des parents et leur loyauté au programme, la durabilité de la filière, le travail de levée de fonds, les besoins en termes de ressources, d'enseignants et de soutien administratif.
- Rencontrer et inviter des parents qui ont déjà créé une filière bilingue réussie et apprendre ainsi de leur expérience.

Deuxième étape
Élaborer un argumentaire convaincant et trouver une école

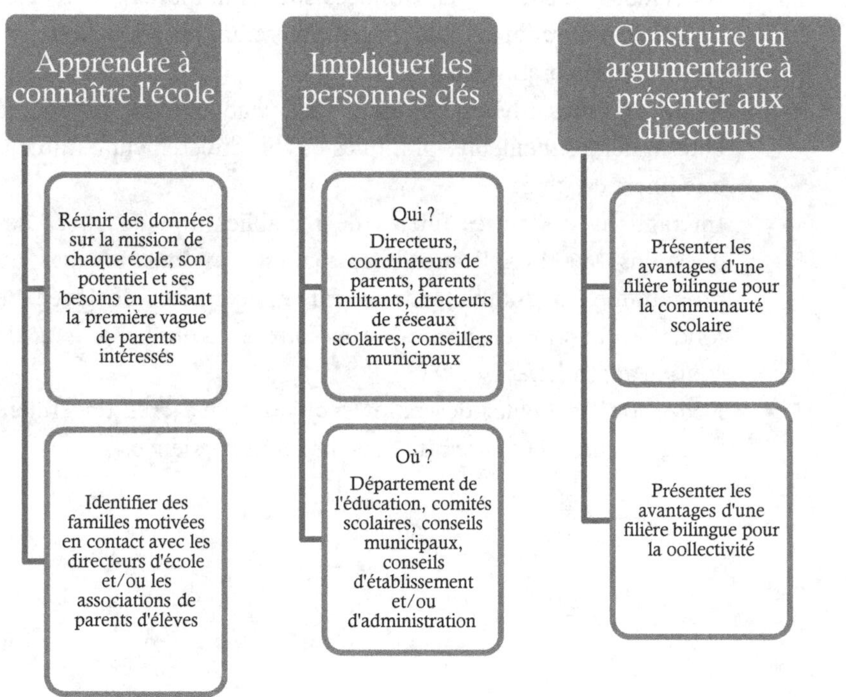

Au terme de leur travail collaboratif, les différents comités doivent être prêts à présenter leurs données au directeur et à la communauté de l'école. Avant de présenter votre idée au directeur, il est conseillé d'imaginer un argumentaire solide qui vous aidera à le convaincre, ainsi que les administrateurs concernés de l'importance de votre proposition.

Quelques arguments en faveur des filières bilingues :

- Un nouveau directeur peut chercher à gagner la reconnaissance de son quartier ; une filière bilingue est une façon concrète de laisser sa marque sur l'école et sur sa communauté.
- Une filière réussie peut apporter énormément de visibilité à l'école, redorer son image et attirer de nouvelles sources de financement.
- Les filières bilingues accordent à tous les enfants de la communauté le don d'une deuxième langue, un atout qui leur servira toute leur vie.
- Pour les familles de deuxième ou troisième génération, la filière bilingue est un moyen de maintenir leur langue et leur patrimoine culturel mais aussi une façon de les partager avec leurs enfants.
- Chaque année, des familles motivées intègrent l'école et souhaitent souvent aider l'école de plusieurs façons, en organisant des levées de fonds ou des activités scolaires.
- Les familles bilingues peuvent ouvrir l'école à de nouvelles possibilités culturelles comme les arts, la musique ou la gastronomie, utilisant leurs relations au sein de la communauté pour créer des programmes périscolaires après l'école, améliorer la cantine, organiser des sorties et des visites, proposer des stages…
- Les filières bilingues peuvent donner une nouvelle identité à une jeune école, à une école dont le potentiel ne serait pas exploité ou dont les classes seraient vides.
- Avoir davantage d'options éducatives de qualité dans un district peut soulager les écoles établies aux effectifs trop importants, en attirant des familles de classe moyenne vers les écoles actuellement désavantagées, exploitant ainsi les bienfaits potentiels de l'intégration socio-économique engendrée par les filières bilingues.
- Il arrive qu'un district ou que le Département de l'éducation fournisse des subventions pour l'organisation, le développement du programme et le développement professionnel des enseignants et de l'équipe pédagogique.
- D'autres aides financières et logistiques peuvent provenir de partenaires ou d'associations qui auraient un intérêt propre pour les langues enseignées ou la population concernée, comme par exemple les ambassades, les consulats, les entreprises ou les fondations.

Quand un entretien avec un directeur d'école vous sera accordé, il vous faudra présenter toutes les données du projet de façon très professionnelle. Expliquez que votre initiative est centrée sur les bienfaits qu'elle apporterait aux enfants et à la communauté. Apportez des documents qui détailleront la démographie des futures familles, par année et par district. Expliquez comment obtenir des subventions de la part du Département de l'éducation ou de partenaires externes. Après avoir rencontré un directeur sensible à votre projet, proposez à d'autres acteurs d'apporter leur soutien, enseignants, parents et membres de la communauté d'apporter leur soutien. Tournez-vous ensuite vers des employés gouvernementaux, vers des élus et des donateurs. En suivant ces étapes, vous aurez monté un dossier solide pour soutenir votre projet, et vous aurez gagné la confiance d'une communauté de parents et d'éducateurs. Ensemble, vous pouvez dès à présent mettre sur pied une filière bilingue réussie.

Troisième étape
Construire une filière bilingue réussie dès le premier jour

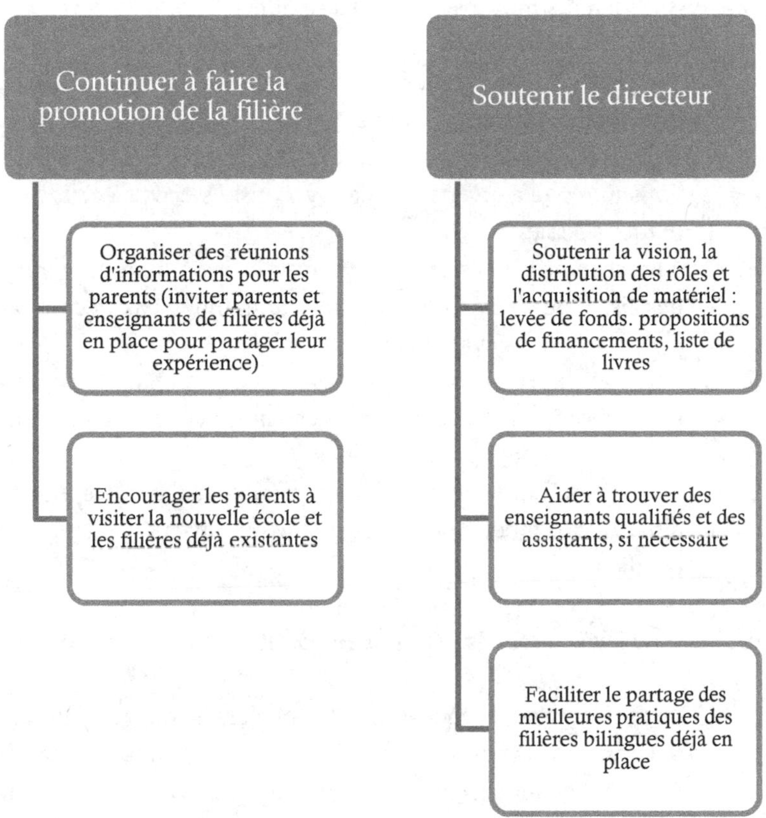

Une fois que vous aurez réussi à convaincre le directeur et votre groupe, vous devrez vous tourner vers d'autres tâches toutes aussi importantes :

- Avant tout, il faudra vous assurer que vous disposez d'un nombre suffisant de familles motivées et être certains qu'elles inscriront leurs enfants dans la filière.
- Organiser des visites de l'établissement et faire des présentations pendant des évènements de l'école est une bonne idée pour recruter encore plus de familles, s'il reste de la place.
- Continuer à promouvoir la filière.
- Organiser continuellement des réunions pour informer les

parents.

- Inviter parents et enseignants de filières bilingues existantes à partager leurs expériences.

Il y a aussi différents moyens d'aider votre directeur :

- Se procurer en avance le matériel dont auront besoin les enseignants lors des premiers mois de lancement de la filière.
- Partager les meilleures pratiques d'autres filières bilingues que vous aurez découvertes grâce à vos visites et vos échanges avec d'autres écoles.
- Chercher des livres en accord avec le programme, et préparer des listes de livres pouvant être commandés par l'école ou par d'autres parents et soutiens de la filière.
- Aider le directeur lors du processus d'embauche, puisqu'il n'est pas toujours facile de trouver des enseignants bilingues ou des assistants compétents et qualifiés.
- Aider à traduire ou servir d'interprète pendant les entretiens, ainsi que donner votre avis quant au niveau de langue d'un candidat.

Le comité de levée de fonds peut s'atteler à différentes tâches comme :

- Organiser des évènements et appeler à des donations qui aideront les classes, la bibliothèque et l'école dans son ensemble.
- Embaucher un spécialiste du bilinguisme ou un consultant qui pourra former les enseignants et les assistants, développer le programme et obtenir du matériel éducatif de la part de fournisseurs nationaux ou internationaux.
- Participer à la rédaction de dossiers de subventions qui permettront d'obtenir de l'aide supplémentaire des districts, de l'État, d'agences fédérales, de fondations ou de gouvernements étrangers.

ANNEXE 2

Ressources

larevolutionbilingue.info

- Rejoignez la communauté, contribuez et apportez votre soutien
- Accédez à des vidéos, témoignages et lectures complémentaires
- Inscrivez-vous à la newsletter de la Révolution bilingue
- Téléchargez des ressources comme des présentations et brochures prêtes à l'usage et personnalisables
- Trouvez des filières existantes
- Identifiez d'autres parents autour de vous et formez un nouveau groupe.
- Commandez des affiches et du matériel promotionel
- Inscrivez-vous à des séminaires en ligne
- Entrez en contact avec des experts
- Sponsorisez une traduction de ce livre
- Achetez des livres à prix réduit pour vos foires, événements ou conférences

Notes

Notes de l'introduction

1 Elizabeth A. Harris, *New York City Education Department to Add or Expand 40 Dual-Language Programs*. New York Times, le 14 janvier 2015.

2 De plus amples informations sur les mandats et les politiques d'éducation bilingue de chaque État sont disponibles sur le site de New America.

3 U.S. Department of Education, *Dual Language Education Programs: Current State Policies and Practice.*

Notes du Chapitre 1

4 Les précédents juridiques qui suivront auront un grand impact sur l'éducation bilingue aux États-Unis et accorderont aux enfants aux capacités anglophones limitées le droit de recevoir une éducation en anglais et dans leur langue maternelle: *Meyer v. Nebraska*; *Lau v. Nichols*; *Serna v. Portales*; *Aspira v. N.Y. Board of Education*; *Keyes v. School District No. 1, Denver, Colorado*; *Flores v. Arizona; Castaneda v. Pickard.* Lire aussi The Bilingual Education Act et No Child Left Behind qui ont aussi transformé l'éducation bilingue.

5 Pour plus d'informations à ce sujet, lire Christine Hélot & Jürgen Erfurt, *L'éducation bilingue en France : politiques linguistiques, modèles et pratiques*

6 Helen Ó Murchú, *The Irish language in education in the Republic of Ireland.*

7 Canadian Parents for French, *The State of French-Second-Language Education in Canada 2012: Academically Challenged Students and FSL Programs*

8 Entretien avec Robin Sundick, ancienne directrice de P.S.84, le 10 juillet 2015.

9 Pour en savoir plus, lire Thomas & Collier, *The Astounding Effectiveness of*

Dual Language Education for All.

10 Entretien avec Heather Foster-Mann, directrice de P.S. 133, extrait du rapport de l'Ambassade de France sur les filières bilingues en français aux États-Unis.

11 Entretien avec Marie Bouteillon, ancienne enseignante de P.S. 58 et consultante pour de nombreuses écoles avec filières bilingues, le 19 mai 2016.

12 Par exemple, aux États-Unis, une association 501(c) qui est à but non lucratif est exemptée d'impôts et peut recevoir des contributions illimités d'individus, de sociétés et de syndicats. Les associations à but non lucratif exemptées d'impôts les plus courantes sont catégorisées 501(c)(3) par le U.S. Internal Revenue Code, alors qu'une association à but non lucratif est exemptée de l'impôt fédéral sur le revenu si ses activités sont caritatives, religieuses, éducatives, scientifiques, littéraires, pour la sécurité publique, héberger des compétitions sportives pour amateurs, ou lutter contre la cruauté envers les enfants ou les animaux.

13 Entretien avec Gretchen Baudenbacher, parent et présidente de l'association des parents d'élèves de P.S.110, le 1er mars 2016.

14 Entretien avec Yuli Fisher, le 26 janvier 2016.

Notes du Chapitre 2

15 Verdugo Woodlands Elementary et Dunsmore Elementary School dans le district scolaire de Glendale.

16 Entretien avec Aya Taylor, coordinatrice des filières bilingues de Glendale Unified School District, le 22 janvier 2016.

17 Entretien avec Jeffrey Miller, directeur des programmes éducatifs à la Japan Society, le 19 janvier 2016.

18 Entretien avec Yumi Miki, parent et co-fondatrice de la filière japonaise, le 19 janvier 2016.

19 Entretien avec Hee Jin Kan, parent et co-fondatrice de la filière japonaise, le 2 février 2016.

20 Entretien avec Yuli Fisher, le 26 janvier 2016.

21 Entretien avec Yuli Fisher, le 26 janvier 2016.

22 Entretien avec Monica Muller, parent à P.S. 147 et co-fondatrice de la filière japonaise, le 23 février 2016.

23 501(c)3 – voir discussion et définition à la note 12.

24 Entretien avec Mika Yokobori, parent à P.S. 147, le 15 janvier 2016.

Notes du Chapitre 3

25 Entretien avec Marcello Lucchetta, le 25 janvier 2016.

26 Entretien avec Marcello Lucchetta, le 25 janvier 2016.

27 Entretien avec Jack Spatola, directeur de P.S. 172, le 9 mars 2016.

28 Entretien avec Joseph Rizzi, directeur des programmes de la Fédération des organisations italo-américaines, le 13 novembre 2016.

29 Entretien avec Louise Alfano, directrice de P.S. 112, le 13 novembre 2016.

30 Extrait de Rachel Silberstein, *New York's First Italian Dual Language Preschool Coming to Bensonhurst* (Bensonhurst Bean).

Notes du Chapitre 4

31 Entretien avec Gabi Hegan, fondatrice de CityKinder, le 19 février 2016.

32 Entretien avec Sylvia Wellhöfer, le 29 janvier 2016.

33 Ibid.

Notes du Chapitre 5

34 « Out of many, one », l'unité dans la diversité (la devise des États-Unis).

35 American Community Survey, 2015

36 Entretien avec Tatyana Kleyn, Professeure d'éducation bilingue au City College de New York, le 11 mars 2016.

37 I.S. signifie *Intermediate School*, qui va des grades 6 à 8, soit l'équivalent de la Sixième, Cinquième et Quatrième.

38 Entretien avec Maria Kot, ancienne parent de P.S. 200, le 4 mars 2016

39 Ibid.

40 Entretien avec Julia Stoyanovich et Olga Ilyashenko, le 25 février 2016

Notes du Chapitre 6

41 French Morning et France-Amérique

42 Pour plus d'informations sur cette histoire, voir l'article de Jane Ross et Fabrice Jaumont, *Building bilingual communities: New York's French*

bilingual revolution.

43 Amy Zimmer, *How schools' French dual language programs are changing NYC neighborhoods.* (DNA Info), le 26 mai 2015.

44 Entretien avec Virgil de Voldère, parent de P.S.84, le 10 avril 2013.

45 Entretien avec Talcott Camp, parent de P.S.84, le 10 juin 2016.

46 Fondée en 1904, la Société des Professeurs français et francophones d'Amérique soutient professeurs et chercheurs intéressés par la langue française et les cultures francophones.

47 Fondée en 1955, FACE est une association à but non lucratif 501(c)3 dédiée au soutien des relations franco-américaines à travers des projets internationaux innovants, artistiques, éducatifs ou d'échanges culturels. Hébergée par les Services culturels de l'Ambassade de France à New York et supervisée par un conseil d'administration, FACE profite à un large réseau de mécènes avec ses programmes et soutient différentes initiatives grâce à son partenariat avec les Services culturels de l'Ambassade de France à New York.

48 Kirk Semple, *A big advocate of French in New York's schools: France.* New York Times, le 30 janvier 2014.

49 Internationals Network for Public Schools est une association éducative qui soutient les lycées et académies internationaux, au service d'immigrants ne parlant pas anglais, récemment arrivés à New York, en Californie, dans le Kentucky, le Maryland, la Virginie, et Washington, DC. Internationals Network entretient également des partenariats avec d'autres écoles et d'autres districts du pays.

Notes du Chapitre 7

50 Donna Nevel, *The Slow Death of Khalil Gibran International Academy.* (Chalkbeat), le 20 avril 2011.

51 Ibid.

52 Andrea Elliott, *Muslim educator's dream branded a threat in the U.S.* (NY Times), le 28 avril 2008.

53 Extrait du site internet de l'école le 26 août 2016.

54 Randa Kayyali. *The people perceived as a threat to security: Arab Americans since September 11.*

55 Entretien avec Zeena Zakharia, le 23 juin 2016

56 Ibid.

57 Entretien avec Carine Allaf, Directrice de programmes à la Qatar Foundation International, le 2 février 2016.

58 Entretien avec Mimi Met, consultante en éducation, le 8 mars 2016.

59 « Notre Mission », extrait du site internet de l'association, le 10 août 2016.

60 Ibid.

61 Extrait du site « I Speak Arabic », le 5 août 2016.

62 Karen Zeigler et Steven Camarota, *One in five U.S. Residents speaks foreign language at home,* octobre 2015

63 Entretien avec Carol Heeraman, Directrice de P.S./I.S. 30, le 8 mars 2016

Notes du Chapitre 8

64 American Community Survey, 2015.

65 William Galush, *For more than bread: Community and identity in American Polonia, 1880–1940.*

66 Christopher Gongolski et Michael Cesarczyk, *Two languages, one home.* (Greenpoint News), le 16 septembre 2015

67 Entretien avec Julia Kotowski, parent de P.S. 34, le 16 juin 2016

68 Entretien avec Elizabeth Czastkiewicz, enseignante de maternelle à P.S. 34, le 16 juin 2016.

69 Entretien avec Carmen Asselta, directrice de P.S. 34, le 16 juin 2016.

70 Entretien avec Elizabeth Czastkiewicz, enseignante de maternelle à P.S. 34, le 16 juin 2016.

71 Entretien avec Alicja Winnicki, directrice générale du District scolaire 14, le 6 juin 2016

72 Entretien avec Julia Kotowski, parent de P.S. 34, le 16 juin 2016

73 Entretien avec Carmen Asselta, directrice de P.S. 34, le 16 juin 2016.

74 Entretien avec Alicja Winnicki, directrice générale du District scolaire 14, le 6 juin 2016

75 Ibid.

Notes du Chapitre 9

76 Entretien avec Ofelia García, Professeure à l'école doctorale de City

University of New York (CUNY), le 14 juin 2016.

77 Entretien avec Carmen Dinos, le 19 mai 2015.

78 Ibid.

79 Milady Baez, Chancelière adjointe aux écoles, discours prononcé lors d'une rencontre pour promouvoir le projet de filière bilingue russe à New York, à Columbia University, le 12 mai 2016.

80 Ibid.

81 Département de l'éducation de New York, la Chancelière aux écoles, Carmen Fariña, met à l'honneur quinze écoles pour leurs modèles de filières bilingues, le 3 décembre 2015.

82 Extrait du site internet de l'école le 20 août 2016.

83 Carla Zanoni. *Principal Miriam Pedraja teaches Uptown children two languages at a time* (Chalkbeat), le 16 avril 2012.

84 Entretien avec Maria Jaya, parent, fondatrice et co-directrice de Cypress Hills Community School, le 19 septembre 2016.

85 Pour plus d'informations concernant l'école, lire Laura Ascenzi-Moreno et Nelson Flores, *A Case Study of Bilingual Policy and Practices at the Cypress Hills Community School.*

86 *U.S. News Report High School Rankings: High School for Dual Language and Asian Studies.* Extrait de U.S. News, le 23 août 2016.

87« Mission » extrait du site de l'école le 23 août 2016.

88 Extrait de Castellón, M., Cheuk, T., Greene, R., Mercado-Garcia, D., Santos, M., Skarin, R. & Zerkel, L. *Schools to Learn from: How Six High Schools Graduate College and Career Ready.*

89 Entretien avec Ron Woo, Professeur à Bank Street College et consultant au New York University Metropolitan Center for Research on Equity and the Transformation of Schools, le 16 juin 2015.

Notes du Chapitre 10

90 Le China Institute in America est une institution avec une mission éducative et culturelle de New York City, fondée en 1926 par un groupe d'éducateurs américains et chinois de renom, parmi lesquels John Dewey, Hu Shih, Paul Monroe et Dr. Kuo Ping-wen. C'est la plus vieille organisation biculturelle des États-Unis dédiée spécifiquement à la Chine.

91 Fondée en 1956 par John D. Rockefeller III, l'Asia Society est une

organisation éminente qui consacre sa mission éducative à promouvoir l'intercompréhension et le renforcement des partenariats entre individus, dirigeants et institutions d'Asie et des États-Unis.

92 Entretien avec Li Yan, Directeur du High School for Dual Language and Asian Studies, le 14 septembre 2016.

93 Entretien avec Ron Woo, Professeur à Bank Street College et consultant au New York University Metropolitan Center for Research on Equity and the Transformation of Schools, le 16 juin 2015.

94 Entretien avec Thalia Baeza Milan extrait de Patrick Wall, *City to add dozens of dual-language programs as they grow in popularity.* (Chalkbeat), le 4 avril 2016.

95 Extrait de Castellón, M., Cheuk, T., Greene, R., Mercado-Garcia, D., Santos, M., Skarin, R. & Zerkel, L., *Schools to Learn from: How Six High Schools Graduate College and Career Ready.*

96 Pour plus d'informations, de ressources et d'exemples sur le site officiel de la Révolution bilingue.

Notes du Chapitre 11

97 Je voudrais exprimer ma reconnaissance envers les membres fondateurs d'Education en Français à New York, de La Petite Ecole, de l'initiative Downtown French Dual Language Program, ainsi que les parents fondateurs des filières de P.S. 84 à Manhattan, P.S. 58 à Brooklyn et le service culturel de l'Ambassade de France. Je voudrais également exprimer ma reconnaissance envers les parents des initiatives japonaise, allemande, italienne, française et russe, présentées dans les chapitres de ce livre, qui ont partagé leur vision de la feuille de route ou aidé à en améliorer la première version.

98 Les chiffres cités ici renvoient à ceux de la ville de New York où les écoles recrutent souvent un maximum de dix-huit enfants par classe en Moyenne Section de maternelle, environ vingt-quatre en Grande Section, et plus de trente enfants dans les classes de collège et lycée.

99 L'article 154 se réfère aux services pour les élèves aux capacités anglophones limitées. La sous-partie 154-1 se réfère aux services pour les élèves aux capacités anglophones limitées dans les filières opérant pendant l'année scolaire 2015-2016.

100 Plusieurs exemples peuvent être trouvés sur le site officiel de la

Révolution bilingue.

101 Head Start est un programme du Département de la santé qui propose un service de crèche complet, de soins, de nutrition, et de sensibilisation parentale pour des enfants issus de familles à faibles revenus.

Notes du Chapitre 12

102 Pour plus d'informations, lire François Grosjean, *Bilingual: Life and Reality.*

103 Vous pouvez regarder cet entretien en-ligne : *Life as Bilingual: A Conversation with Francois Grosjean by Fabrice Jaumont.*

104 Pour plus d'informations, lire François Grosjean, *Bilingual: Life and Reality.*

105 Pour plus d'informations, lire Daniel Goleman, *The Brain and Emotional Intelligence: New Insights.*

106 Pour plus d'informations, lire Kenneth Robinson, *Creative schools: The grassroots revolution that's transforming education.*

107 Sur ce sujet, plusieurs études sont référencées dans la bibliographie de ce livre, en particulier Leikin (2012); Lauchlan, Parisi, & Fadda (2013); Ricciardelli (1992).

108 Le concept de savoir métalinguistique fait référence à la capacité à convevoir le langage à la fois comme processus et comme un objet créé par les êtres humains. Ce concept est utile pour expliquer l'exécution et le transfert de connaissances linguistiques au travers des langues (par exemple, la commutation de code ou encore la traduction entre individus bilingues).

109 Pour plus d'informations, Wayne Thomas, Virginia Collier, Colin Baker, Margarita Espino Calderón and Liliana Minaya-Rowe, pour ne citer qu'eux, ont réussi de manière brillante à démontrer l'efficacité de l'éducation bilingue. Leurs publications sont cités dans la bibliographie de ce livre.

110 Pour plus d'informations, lire Wayne Thomas & Virginia Collier, *The Astounding Effectiveness of Dual Language Education for All.*

111 The American Council on the Teaching of Foreign Languages fournit une liste d'études sur les bienfaits de l'apprentissage en plusieurs langues.

112 Pour plus d'informations, lire Wayne Thomas & Virginia Collier, *The*

Astounding Effectiveness of Dual Language Education for All.

113 Sur ce sujet, plusieurs études menées par Ana Ines Ansaldo et Landa Ghazi-Saidi sont référencées dans la bibliographie du livre.

114 Voir, par exemple, les études de Nicoladis et Genesee (1998); Cameau, Genessee, et Lapaquette (2003) référencées dans la bibliographie.

115 Sur ce sujet, plusieurs études sont référencées dans la bibliographie du livre : Greene (1998), Thomas & Collier (2004), ou Willig (1985).

116 Pour plus d'informations, lire Ofelia García, *Bilingual Education in the 21st Century: A Global Perspective.*

Notes du Chapitre 13

117 Pour plus d'informations, voir le site du Center for Applied Linguistics pour plus d'informations.

118 *U.S. Department of Education, Dual Language Education Programs: Current State Policies and Practices.*

119 En 1974, le jugement convenu entre ASPIRA et le Département de l'éducation de New York a eu un impact important sur l'éducation bilingue des élèves qui ne parlaient pas anglais. Selon ce jugement, ces derniers devaient recevoir le même accès aux programmes et services scolaires que ceux offerts aux élèves anglophones, y compris l'accès aux modules exigés pour obtenir le diplôme de fin d'études. Pour plus d'informations sur ce sujet, lire De Jesús & Pérez. *From Community Control to Consent Decree: Puerto Ricans organizing for education and language rights in 1960s and 1970s New York City.*

120 Cour suprême des États-Unis, Cas No. 72-6520.

121 Pour plus d'informations, lire Cathleen Jo Faruque, *Migration of the Hmong to the Midwestern United States.*

122 Sur ce sujet, lire Kathleen Stein-Smith, *The U.S. Foreign Language Deficit. Strategies for Maintaining a Competitive Edge in a Globalized World.*

123 « Le FBI n'a pas consacré suffisamment de moyens à la surveillance et aux besoins en traduction des agents antiterroristes. On manquait de traducteurs maîtrisant l'arabe et d'autres langues clés, et les messages interceptés mais pas traduits commençaient à s'empiler. » Extrait p.77 du Rapport de la Commission du 11 septembre – *National Commission on Terrorist Attack upon the United States.* 22 juillet 2004.

124 Pour plus d'informations, lire James Crawford. *Bilingual Education: History, Politics, Theory and Practice.* Trenton, NJ: Crane Publishing Company.

125 Pour plus d'information, voir le site de l'American Civil Liberties Union. « *English Only*. »

126 Pour plus d'informations, voir les registres et la base de données du Center for Applied Linguistics sur les filières d'immersion linguistique, les programmes de langues d'héritage et les filières bilingues à double sens des États-Unis.

127 David McKay Wilson, *Dual Language Programs on the Rise. Enrichment model puts content learning front and center for ELL students.*

128 Sénat de l'Utah. *International Education Initiatives – Critical Languages* (Senate Bill 41)

Bibliographie

Références et travaux cités dans l'avant-propos Éducation bilingue : la volte-face des parents et des communautés, par Ofelia García

CASTELLANOS, Diego. *The Best of two worlds: Bilingual-bicultural education in the U.S.* Trenton, New Jersey : New Jersey State Dept. of Education, 1983, 287 p.

CRAWFORD, James. *Educating English learners: Language diversity in the classroom* (5ème édition). Los Angeles, CA : Bilingual Education Services, Inc, 2004, 546 p.

DEL VALLE, Sandra. "Bilingual Education for Puerto Ricans in New York: From Hope to Compromise". *Harvard Educational Review*, 68(2), 1998, p 193–217.

DEL VALLE, Sandra. *Language rights and the law in the United States.* Clevedon, UK : Multilingual Matters, 2003, 376 p.

EPSTEIN, Noel. *Language, Ethnicity and the Schools: Policy alternatives for bilingual-bicultural education.* Washington, D.C. : Institute for Educational Leadership, 1977, 104 p.

FLORES, Nelson. "A tale of two visions: Hegemonic whiteness and bilingual education". *Educational Policy,* 30, 2016, p 13–38.

FLORES Nelson, GARCÍA Ofelia. (prochainement). "A critical review of bilingual education in the United States: From Basements and pride to boutiques and profit". *Annual Review of Applied Linguistics.*

GARCÍA, Ofelia. *Bilingual education in the 21st century: A Global perspective.* Malden, MA : John Wiley & Sons, 2011, 481 p.

GARCÍA Ofelia, FISHMAN Joshua (éds). *The Multilingual Apple. Languages in New York* (2nd ed.). Berlin, Germany : Mouton de Gruyter, 2001, 373 p.

GARCÍA Ofelia., WEI Li. *Translanguaging: Language, bilingualism and education.* London, United Kingdom: Palgrave Macmillan Pivot, 2014, 175

LINDHOLM-LEARY, Kathryn. *Dual language education.* Clevedon, UK: Multilingual Matters, 2001, 373 p.

MENKEN Kate, SOLORZA Cristian. "No Child Left Bilingual Accountability and the Elimination of Bilingual Education Programs in New York Schools". *Educational Policy*, 28(1), 2014, p 96–125.

OTHEGUY Ricardo, GARCÍA Ofelia, REID Wallis. "Clarifying translanguaging and deconstructing named languages: A perspective from linguistics". *Applied Linguistics Review*, 6(3), 2015, p 281–307.

VALDÉS, Guadalupe. "Dual-language immersion programs: A cautionary note concerning the education of language-minority students". *Harvard Educational Review*, 67, 1997, p 391-429.

Références et travaux cités dans *La Révolution bilingue : le futur de l'éducation s'écrit en deux langues*, par Fabrice Jaumont

AMERICAN COUNCIL ON THE TEACHING OF FOREIGN LANGUAGES. *What the Research Shows. Studies supporting language acquisition*. (consulté le 11 juillet 2017).

AMERICAN CIVIL LIBERTIES UNION (ACLU). *ACLU Backgrounder on English Only Policies in Congress*. (consulté le 21 août 2017).

ANSALDO Inés, GHAZI SAIDI Ladan. "Aphasia therapy in the age of globalization: Cross-linguistic therapy effects in bilingual aphasia". *Behavioural Neurology*. Volume 2014 (March), 2014, 10 p.

ANSALDO Inés, GHAZI SAIDI Ladan, ADROVER-ROIG, Daniel. "Interference Control in Elderly Bilinguals: Appearances can be misleading". *Journal of Clinical and Experimental Neuropsychology*. Volume 37, numéro 5, février 2015, p. 455-470.

ASCENZI-MORENO Laura, FLORES Nelson. "A case study of bilingual policy and practices at the Cypress Hills Community School". Dans O. GARCIA, B. OTCU et Z. ZAKHARIA (Eds.), *Bilingual Community Education and Multilingualism: Beyond Heritage Languages in a Global City*. Bristol, UK : Multilingual Matters, 2012, p 219-231.

Aspira v. Board of Education of City of New York. 394 F. Supp. 1161 (1975).

AUGUST Diane, HAKUTA Kenji (Eds). *Improving Schooling for Language-Minority Children*. Washington, DC : National Academy Press, 1997

BALL, Jessica. *Educational equity for children from diverse language backgrounds: Mother tongue-based bilingual or multilingual education in the early years.* Présentation à International Symposium de l'UNESCO : Translation and Cultural Mediation, Paris, France, février 2010.

BAKER, Colin. *A parents' and teachers' guide to bilingualism.* Bristol, U.K. Multilingual Matters, 2014, 288 p.

BAKER, Colin. *Foundations of bilingual education and bilingualism* (3ème éd.). Clevedon, UK : Multilingual Matters, 2001, 512 p.

BARAC Raluca, BIALYSTOK Ellen, CASTRO Dina, SANCHEZ Marta. "The cognitive development of young dual language learners: A critical review". *Early Childhood Research Quarterly,* 29(4), 2014, p 699–714.

BARRIERE Isabelle, MONEREAU-MERRY Marie-Michelle. « Trilingualism of the Haitian Diaspora in NYC: Current and Future Challenges". Dans O. GARCIA, B. OTCU et Z. ZAKHARIA (Eds.), *Bilingual Community Education and Multilingualism: Beyond Heritage Languages in a Global City*. Bristol, UK : Multilingual Matters, 2012, p 246-258.

BARRIERE, Isabelle. "The vitality of Yiddish among Hasidic infants and toddlers in a low SES preschool in Brooklyn". Dans W. MOSKOVICH (Ed.), *Yiddish - A Jewish National Language at 100.* Jerusalem-Kyiv: Hebrew University of Jerusalem, 2010, p 170 – 196.

BRISK Maria, PROCTOR Patrick. "Challenges and supports for English language learners in bilingual programs". Article présenté à la conférence Understanding Language, Stanford University, Stanford, CA, 2012.

BRISK, Maria. *Bilingual Education: From Compensatory to Quality Schooling*. Mahwah, NJ : Lawrence Erlbaum Associates, 1998.

CALDERÓN Margarita, MINAYA-ROWE Liliana. *Designing and implementing two-way bilingual programs.* Thousand Oaks, CA: Corwin Press, 2003.

CANADIAN PARENTS FOR FRENCH. *The State of French-Second-Language Education in Canada 2012: Academically Challenged Students and FSL Programs.* 2012

CAMEAU Liane, GENESEE Fred, LAPAQUETTE Lindsay. "The modelling hypothesis and child bilingual code-mixing". *International Journal of Bilingualism,* 7.2:113-128, 2003

CASTELLÓN Martha, CHEUK Tina, GREENE Rebecca, MERCADO-GARCIA Diana, SANTOS Maria, SKARIN Renae, ZERKEL Lisa. *Schools to Learn from: How Six High Schools Graduate English Language Learners College and Career Ready*, 2015. Préparé pour la Carnegie Corporation of New York. Stanford Graduate School of Education. *Castaneda v. Pickard.* 648 F.2d 989 (1981).

CENTER FOR APPLIED LINGUISTICS. Two-Way Immersion Outreach Project.

CENTER FOR APPLIED LINGUISTICS. Databases and directories.

CHRISTIAN, Donna. "Two-way immersion education: Students learning through two languages". *The Modern Language Journal,* 80(1), 1996, p 66–76.

CHRISTIAN, Donna. "Dual language education". Dans E. HINKEL (Ed.), *Handbook of research in second language teaching and learning, volume II.* New York, NY: Routledge, 2011, p 3–20.

CLOUD Nancy, GENESEE Fred, HAMAYAN Else. *Dual Language Instruction: A Handbook for Enriched Education.* Boston, MA: Heinle & Heinle, Thomson Learning, Inc, 2000, 227 p.

COMBS Marie, EVANS Carol, FLETCHER Todd, PARRA Elena, JIMENEZ Alicia. "Bilingualism for the children: Implementing a dual-language program in an English-only state". *Educational Policy,* 19(5), 2005, p 701–728.

CRAWFORD, James. *Educating English learners. Language diversity in the classroom* (Fifth Ed.). Los Angeles, CA : Bilingual Educational Services, Inc, 2004, 546 p.

CRAWFORD, James. *Bilingual Education: History, Politics, Theory and Practice.* Trenton, NJ : Crane Publishing Company, 1999, 210 p.

CUMMINS Jim, SWAIN Merrill. *Bilingualism in education: Aspects of theory, research and practice.* London: Longman, 1986, 254 p.

DE JESÚS Anthony, PEREZ Madeline. "From Community Control to Consent Decree: Puerto Ricans organizing for education and language rights in 1960s and 1970s New York". *CENTRO Journal* 7 Volume xx1 Number 2, automne 2009.

DE JONG, Esther. "L2 proficiency development in a two-way and a developmental bilingual program". *NABE Journal of Research and Practice,* 2(1), 2004, p 77–108.

DE JONG, Esther. "Program design and two-way immersion programs". *Journal of Immersion and Content-Based Language Education*, *2*(2), 2014, p 241–256.

DE JONG Esther, BEARSE Carol. « Dual language programs as a strand within a secondary school: Dilemmas of school organization and the TWI mission". *International Journal of Bilingual Education and Bilingualism,* 17(1), 2014, p 15–31.

DE JONG Esther, HOWARD Elizabeth. "Integration in two-way immersion education: Equalising linguistic benefits for all students". *International Journal of Bilingual Education and Bilingualism*, *12*(1), 2009, p 81–99.

DORNER, Lisa. "Contested communities in a debate over dual-language education: The import of "public" values on public policies". *Educational Policy, 25*(4), 2010, p 577–613.

ELLIOTT, Andrea. "Muslim educator's dream branded a threat in the U.S". *New York Times.* 28 avril 2008.

ESPINOSA, Linda. *Early education for dual language learners: Promoting school readiness and early school success.* Washington, DC : Migration Policy Institute, 2013, 33 p.

FARUQUE, Cathleen. *Migration of the Hmong to the Midwestern United States.* Lanham, NY: University Press of America, Inc., 2002.

FISHMAN, Joshua. (éd). *Handbook of language and ethnic identity*. Oxford, U.K.: Oxford University Press, 1999.

FISHMAN, Joshua. *Bilingual education: An international sociological perspective.* Rowley, MA : Newbury House, 1976, 208 p.

Flores v. Arizona. 160 F. Supp. 2d 1043 (D. Ariz. 2000).

FLORES Nelson, ROSA Jonathan. "Undoing appropriateness: Raciolinguistic ideologies and language diversity in education". *Harvard Educational Review*, 85, 2015, p 149–171.

FLORES Nelson, BAETENS BEARDSMORE Hugo. "Programs and structures in bilingual and multilingual education". Dans W. WRIGHT, S. BOUN, O. GARCÍA (Eds.), *Handbook of bilingual and multilingual education*. Oxford, UK: Wiley-Blackwell, 2015, pp. 205–222.

FLORES, Nelson. "Creating republican machines: Language governmentality in the United States". *Linguistics and Education*, 25(1), 2014, p 1–11.

FLORES, Nelson. "Silencing the subaltern: Nation-state/colonial governmentality and bilingual education in the United States". *Critical Inquiry in Language Studies*, 10(4), 2013, p 263–287.

FORTUNE Tara, TEDICK Diane (Eds.). *Pathways to multilingualism: Evolving perspectives on immersion education*. Clevedon, England: Multilingual Matters, 2008.

FREEMAN, Rebecca. *Bilingual education and social change.* Clevedon, UK : Multilingual Matters, 1998.

GALUSH, William. "For More Than Bread: Community and Identity in American Polonia, 1880–1940". *East European Monographs.* New York: Columbia University Press, 2006

GARCIA, Eugene. *Teaching and learning in two languages: bilingualism & schooling in the United States*. Multicultural Education, 2005.

GARCÍA, Ofelia. *Bilingual education in the 21st century: A global perspective.* Oxford, UK : Wiley-Blackwell, 2009.

GARCÍA Ofelia., KLEIFGEN Jo Anne. *Educating Emergent Bilinguals: Policies, Programs, and Practices for English Language Learners*. New York : Teachers College Press, 2010.

GARCÍA Ofelia, ZAKHARIA Zeena, OTCU Bahar (éds). *Bilingual community education and multilingualism. beyond heritage languages in a global city*. Bristol, U.K : Multilingual Matters, 2002.

GARCÍA Ofelia, JOHNSON Susana Ibarra, SELTZER Kate. *The translanguaging classroom: leveraging student bilingualism for learning.* Philadelphia, Pennsylvania : Caslon, 2016.

GENESEE Fred, LINDHOLM-LEARY Kathryn, SAUNDERS Bill, CHRISTIAN Donna (Eds.). *Educating English language learners: A synthesis of research evidence*. New York: Cambridge University Press, 2006.

GHAZI SAIDI Ladan, PERLBARG Vincent, MARRELEC Guillaume, PÉLÉGRINI-ISSAC Mélani, BENALI Habib, ANSALDO Ana Ines. "Functional connectivity changes in second language vocabulary learning". *Brain Language*, Jan 2013 ; 124 (1):56-65.

GHAZI SAIDI Ladan, ANSALDO Ana Ines. "Can a Second Language Help You in More Ways Than One?" Article commentaire. *AIMS Neuroscience*, 2015, 2(1):52-5

GHAZI SAIDI Ladan, DASH Tanya, ANSALDO Ana Ines. "How Native-Like Can You Possibly Get: fMRI Evidence in a pair of Linguistically close Languages", *Special Issue: Language beyond words: the neuroscience of accent, Frontiers in Neuroscience*, 9.

GOLDENBERG, Claude. "Improving Achievement for English Learners: Conclusions from Two Research Reviews". *Education Week.* 25 juillet 2006.

GOLEMAN, Daniel. *The Brain and Emotional Intelligence: New Insights*. Florence, MA. More than Sound, 2011.

GÓMEZ, Delia Silva. *Bridging the opportunity gap through dual language education.* Manuscript non publié, California State University, Stanislaus, 2013.

GÓMEZ Leo, FREEMAN David, FREEMAN Yvonne. "Dual language education: A promising 50-50 model". *Bilingual Research Journal*, *29*(1), 2005, 145–164.

GONGOLSKI, C, CESARCZYK, M. "Two languages, one home". *Greenpoint News.* 16 septembre 2015.

GREENE, Jay. *A Meta-Analysis of the Effectiveness of Bilingual Education*, 1998.

GROSJEAN, François. *Bilingual: Life and reality.* Cambridge, MA. Harvard University Press, 2010.

GROSJEAN, François. *Life with two languages: An introduction to bilingualism.* Cambridge, MA. Harvard University Press, 1982.

HAKUTA, Kenji. *Mirror of language: The debate on bilingualism*. NY: Basic Books, 1986.

HARRIS, Elizabeth. "New York Education Department to Add or Expand 40 Dual-Language Programs." *New York Times.* 14 janvier 2015.

HELOT Christine, ERFURT Jürgen. *L'éducation bilingue en France : politiques linguistiques, modèles et pratiques.* Rennes, Presses Universitaires de Rennes, 2016.

HOWARD Elizabeth, CHRISTIAN Donna. "Two-way immersion 101: Designing and implementing a two-way immersion education program at the elementary level". *Santa Cruz, CA: Center for Research on Education, Diversity, and Excellence*, University of California-Santa Cruz, 2002.

HOWARD Elizabeth, SUGARMAN Julie, CHRISTIAN Donna, LINDHOLM-LEARY Kathryn, ROGERS David. *Guiding Principles for Dual Language Education.* Second Edition Center for Applied Linguistics, 2007.

HOWARD Elizabeth, SUGARMAN Julie, COBURN Cate. *Adapting the Sheltered Instruction Observation Protocol (SIOP) for two-way immersion education: An introduction to the TWIOP.* Washington DC : Center for Applied Linguistics, 2006.

JAUMONT Fabrice, ROSS Jane, SCHULZ Julia, DUCREY Lauren, DUNN Joseph. "Sustainability of French Heritage Language Education in the United States". Dans Peter P. TRIFONAS et Thermistoklis ARAVOSSITAS (éds) *International Handbook on Research and Practice in Heritage Language Education.* New York, NY: Springer, 2017.

JAUMONT Fabrice, LE DEVEDEC Benoît, ROSS Jane. "Institutionalization of French Heritage Language Education in U.S. School Systems: The French Heritage Language Program". Dans Olga KAGAN, Maria CARREIRA, Claire CHIK (éds). *Handbook on Heritage Language Education: From Innovation to Program Building.* Oxford, U.K. : Routledge, 2016.

JAUMONT Fabrice, COGARD Karl. *Trends and Supports on French Immersion and Bilingual Education in 2015.* A Report of the Cultural Services of the French Embassy to the United States, 2016.

JAUMONT, Fabrice. *Life as Bilingual: A Conversation with Francois Grosjean.* 2015.

JAUMONT Fabrice, ROSS Jane. "French Heritage Language Communities in the United States". Dans Terrence WILEY, Joy PEYTON, Donna CHRISTIAN, Sarah Catherine MOORE, Na LIU. (éds). *Handbook of Heritage and Community Languages in the United States: Research, Educational Practice, and Policy*. Oxford, U.K.: Routledge, 2014

JAUMONT Fabrice, ROSS Jane. "Building Bilingual Communities: New York's French Bilingual Revolution". Dans Ofelia GARCÍA, Zeena

ZAKHARIA, Bahar OTCU (éds). *Bilingual Community Education and Multilingualism. Beyond Heritage Languages in a Global City*. Bristol, U.K.: Multilingual Matters, 2012, p 232-246.

JAUMONT Fabrice, ROSS Jane. French Heritage Language Vitality in the United States."*Heritage Language Journal*. Volume 9. Numéro 3, 2013.

JAUMONT, Fabrice. "The French Bilingual Revolution". *Language Magazine*. The Journal of Communication & Education. 1er juin 2012.

JOINT NATIONAL COMMITTEE FOR LANGUAGES - NATIONAL COUNCIL FOR LANGUAGES AND INTERNATIONAL STUDIES.

KAGAN Olga, CARREIRA Maria, CHIK Claire (éds). *Handbook on Heritage Language Education: From Innovation to Program Building*. Oxford, U.K. : Routledge, in press, 2016.

KAY, Ken. "21st century skills: Why they matter, what they are, and how we get there". Dans J. BELLANCA et R. BRANDT (Eds.), *21st century skills: Rethinking how students learn* (pp. xiii– xxxi). Bloomington, IN: Solution Tree Press, 2010.

KAYYALI, Randa. "The people perceived as a threat to security: Arab Americans since September 11". *Migration Policy*. 1er juillet 2006.

KELLEHER, Ann. "Who is a heritage language learner?" *Heritage Briefs*. Washington, DC: Center for Applied Linguistics, 2010.

Keyes v. School Dist. No. 1, Denver, Colorado. 413 U.S. 189 (1973)

KLEYN T, VAYSHENKER, B. "Russian Bilingual Education across Public, Private and Community Spheres". Dans O. GARCIA, B. OTCU et Z. ZAKHARIA (Eds.), *Bilingual Community Education and Multilingualism: Beyond Heritage Languages in a Global City*. Bristol, UK: Multilingual Matters, p 259-271.

KLEYN Tatyana, REYES Sharon. "Nobody said it would be easy: Ethnolinguistic group challenges to bilingual and multicultural education in New York". *International Journal of Bilingual Education and Bilingualism*, 14(2), 2011, 207-224

KLEYN, Tatyana. "Speaking in colors: A window into uncomfortable conversations about race and ethnicity in U.S. bilingual classrooms". *GiST: The Colombian Journal of Bilingual Education*, 2008, 2: 13-23.

Lau v. Nichols, 414 U.S. 563 (1974).

LAUCHLAN Fraser, PARISI Marinella, FADDA Roberta. "Bilingualism in Sardinia and Scotland: Exploring the cognitive benefits of speaking a 'minority' language". *International Journal of Bilingualism,* février 2013 17: 43-56, auparavant publié le 16 avril 2012

LEIKIN, Marc. "The effect of bilingualism on creativity: Developmental and educational perspectives". *International Journal of Bilingualism,* Août 2013 17: 431-447, auparavant publié le 28 mars 2012.

LIEBTAG Emily., HAUGEN Caitlin. *Shortage of dual language teachers: Filling the gap.* 29 avril 2015.

LINDHOLM-LEARY, Kathryn. "Bilingual Immersion Education: Criteria for Program Development". Dans *Bilingual Education: Issues and Strategies,* PADILLA, A.M, FAIRCHILD, H.H, VALADEZ, C.M. (Eds.), 1990.

LINDHOLM-LEARY, Kathryn. *Dual language education.* Clevedon, UK: Multilingual Matters, 2001.

LINDHOLM-LEARY, Kathryn. *Biliteracy for a Global Society: An Idea Book on Dual Language Education.* Washington, DC: The George Washington University, 2000.

LINDHOLM-LEARY, Kathryn. "Dual language achievement, proficiency, and attitudes among current high school graduates of two-way programs". *NABE Journal, 26,* 2003, 20–25.

LINDHOLM-LEARY, Kathryn. "Success and challenges in dual language education". *Theory Into Practice, Special Issue: Rethinking Language Teaching and Learning in Multilingual Classrooms, 51*(4), 2012, p 256–262.

LINDHOLM-LEARY Kathryn, GENESEE Fred. (2014). "Student outcomes in one-way, two-way, and indigenous language immersion education". *Journal of Immersion and Content-Based Language Education, 2*(2), 165–180.

LOPEZ ESTRADA Verónica, GOMEZ Leo, RUIZ-ESCALANTE José. « Let's make dual language the norm". *Educational Leadership, 66*(7), 2009, 54–58.

MCKAY WILSON, David. "Dual language programs on the rise. "Enrichment" model puts content learning front and center for ELL students". *Harvard Education Letter.* Volume 27, Numéro 2 Mars/Avril 2011.

MARIAN Viorica, SHOOK Anthony, SCHROEDER Scott. "Bilingual two-way immersion programs benefit academic achievement". *Bilingual Research Journal,* 36, 2013, 167–186.

McCABE Allyssa, et al. "Multilingual children: Beyond myths and toward best practices". *Social Policy Report, 27*(4), 2013.

MENKEN Kate, GARCIA Ofelia (Eds.). *Negotiating language policies in schools: Educators as policymakers*. New York, NY: Routledge, 2010.

MENKEN Kate, SOLORZA Cristian. "No child left bilingual: Accountability and the elimination of bilingual education programs in New York schools". *Educational Policy, 28*(1), 2014, 96– 125.

Meyer v. Nebraska. 262 U.S. 390 (1923).

MILLARD, Maria. *State funding mechanisms for English language learners*. Denver, CO: Education Commission of the States, 2015.

MITCHELL, Corey. "New York expanding dual language to help its English learners". *Education Week, 34*(34), 10 juin 2015, 7.

MONTAGUE, N. S. "Essential beginnings for dual language programs". *The TABE Journal*, *8*, 2005, 18–25.

MONTONE Christopher, LOEB Michael. *Implementing two-way immersion programs in secondary schools.* Santa Cruz, CA: Center for Research on Education, Diversity & Excellence, 2000.

NATIONAL COMMISSION ON TERRORIST ATTACK UPON THE UNITED STATES. 22 juillet 2004. Presses du gouvernement.

NATIONAL STANDARDS COLLABORATIVE BOARD. *World-Readiness Standards for Learning Languages* (4th ed.). Alexandria, VA: Author, 2015.

NATIONAL STANDARDS IN FOREIGN LANGUAGE EDUCATION PROJECT. *Standards for foreign language learning in the 21st century.* Lawrence, KS: Allen Press, Inc, 2006

NEVEL, Donna. "The Slow Death of Khalil Gibran International Academy". *Chalkbeat*. 20 avril 2011

NEW VISIONS FOR PUBLIC SCHOOLS. Center for School Success. Best Practices Series. Dual Language Instruction, 2001.

NEW YORK DEPARTMENT OF EDUCATION. "Chancellor Fariña names 15 schools Model Dual Language Programs". Press Release. 3 décembre 2015.

NEW YORK DEPARTMENT OF EDUCATION, Office of School Quality, Division of Teaching and Learning. "Quality review report – High School for Dual Language and Asian Studies", 2015.

NEW YORK STATE DEPARTMENT OF EDUCATION. Part 154 services for pupils with limited English proficiency. Subpart 154-1services for pupils with limited English proficiency for programs operated prior to the 2015-2016 school year, 2014.

NICOLADIS Elena, GENESEE Fred. "Parental discourse and code-mixing in bilingual children". *International Journal of Bilingualism* 2.1:422 -432, 1998.

Ó'MURCHÚ, Helen. *The Irish language in education in the Republic of Ireland.* European Research Centre on Multilingualism and Language Learning, 2001.

OTCU, Bahar. *Language Maintenance and cultural identity formation.* Saarbrucken: VDM Verlag Dr. Muller, 2010.

OTCU, Bahar. "Heritage language maintenance and cultural identity formation : The case of a Turkish Saturday school in New York". *Heritage Language Journal*, 7(2) Automne, 2010.

PACIOTTO Carla, DELANY-BARMANN Gloria. "Planning micro-level language education reform in new diaspora sites: Two-way immersion education in the rural Midwest". *Language Policy*, *10*(3), 2011, 221–243.

PALMER, Deborah. "A dual immersion strand programme in California: Carrying out the promise of dual language education in an English-dominant context". *International Journal of Bilingual Education and Bilingualism*, *10*(6), 2007, 752–768.

PALMER, Deborah. "Race, power, and equity in a multiethnic urban elementary school with a dual-language "strand" program". *Anthropology & Education Quarterly, 41*(1), 2010, 94–114.

PARKES Jay, RUTH Tenley (avec ANGBERG-ESPINOZA Michele, et DE JONG Esther). *Urgent research questions and issues in dual language education.* Albuquerque, NM: Dual Language Education of New Mexico, 2009.

PARKES Jay, RUTH Tenley. "How satisfied are parents of students in dual language education programs?" 'Me parece maravillosa la gran oportunidad que le están dando a estos niños.' *International Journal of Bilingual Education and Bilingualism*, *14*(6), 2011, 701–718.

PHILLIPS June, ABBOTT Marty. *A decade of foreign language standards: Impact, influence, and future directions*. Alexandria, VA: American Council on the Teaching of Foreign Languages, 2011.

PORRAS Diana, EE Jongyeon, GANDARA Patricia. « Employer preferences: Do bilingual applicants and employees experience an advantage?". Dans R. M. CALLAHAN et P. C. GÁNDARA (Eds.), *The bilingual advantage: Language, literacy, and the labor market.* Clevedon, UK: Multilingual Matters, 2014, p 234–257.

PORTER, Rosalie. *Forked Tongue: The Politics of Bilingual Education*. New Brunswick, NJ: Transaction Publishers, 1996.

RAMIREZ J. David., YUEN Sandra, RAMEY, Dena, PASTA, David. *Executive Summary. Final Report: Longitudinal Study of Structured English Immersion Strategy, Early-Exit and Late-Exit Transitional Bilingual Education Programs for Language Minority Children.* San Mateo, CA: Aguirre International, 1991.

REYES, Luis. The *Aspira Consent Decree. A Thirtieth-Anniversary Retrosp*ective *of Bilingual Education in New York*. Harvard Educational Review Automne 2006

RHODES Nancy, PUFAHL Ingrid. *Foreign language teaching in US Schools: Results of a national survey.* Washington, DC: Center for Applied Linguistics, 2010.

RICCIARDELLI, Lina. "Creativity and Bilingualism". *The Journal of Creative Behavior*, 26: 242–254, 1992

ROBINSON, Ken. *Creative schools: The grassroots revolution that's transforming education*. New York, NY: Viking, 2015.

ROSENBACK, Rita. *Bringing Up a Bilingual Child*. Croydon, U.K. Filament Publishing, 2014.

ROSSELL Christine, BAKER Keith. "The Educational Effectiveness of Bilingual Education." *Research in the Teaching of English* 30, no. 1 (Février 1996): 7-74.

SANDHOFER Catherine, UCHIKOSHI Yuuko. "Cognitive consequences of dual language learning: Cognitive function, language and literacy, science and mathematics, and social-emotional development". Dans F. ONG & J. MCLEAN (Eds.), *California's best practices for young dual language learners: Research overview papers.* Sacramento, CA: California Department of Education, 2013, p 51–89.

SANDY-SANCHEZ, D. "Secondary dual language guiding principles: A review of the process". *Soleado,* 8, 2008.

SANTOS María, DARLING-HAMMOND Linda, CHEUK Tina. *Teacher development appropriate to support ELLs.* Stanford, CA: Understanding Language, 2012.

SAUNDERS William, O'BRIEN G. "Oral language". Dans F. GENESEE, K. LINDHOLM-LEARY, W. SAUNDERS, D. CHRISTIAN (Eds.), *Educating English language learners: A synthesis of research evidence.* New York, NY: Cambridge University Press, 2006, p 14–63.

SCANLAN Martin, PALMER Deborah. "Race, power, and (in) equity within two-way immersion settings". *The Urban Review, 41*(5), 2009, 391–415.

SEMPLE, Kirk. "A Big Advocate of French in New York's Schools: France". *New York Times.* 30 janvier 2014.

Serna v. Portales Municipal Schools. 351 F. Supp. 1279 (1972)

SILBERSTEIN, Rachel. "New York's first Italian dual language preschool coming to Bensonhurst". 30 janvier 2015. *Bensonhurst Bean.*

SOLTERO, Sonia. *Dual language education: Program design and implementation.* Portsmouth, NH: Heinemann, 2016.

STEIN-SMITH, Kathleen. *The U.S. Foreign Language Deficit. Strategies for Maintaining a Competitive Edge in a Globalized World.* New York, NY: Palgrave-Macmillan, 2016.

STEIN-SMITH, Kathleen. *The U.S. Foreign Language Deficit and Our Economic and National Security: A Bibliographic Essay on the U.S. Language Paradox.* Edwin Mellen Press, NY, 2013.

TEDICK Diane, BJORKLUND Siv (Eds.). "Language immersion education: A research agenda for 2015 and beyond". *Journal of Immersion and Content-Based Language Education, 2,* 2014, 2.

THE NATIONAL CENTER FOR RESEARCH ON CULTURAL DIVERSITY AND SECOND LANGUAGE LEARNING. *Learning*

Together: Two-Way Bilingual Immersion Programs. Video. Produit par Jon Silver, 1996.

THOMAS Wayne, COLLIER Virginia. "The Astounding Effectiveness of Dual Language Education for All". *NABE Journal of Research and Practice*, 2:1. Hiver 2004.

THOMAS Wayne, COLLIER Virginia. "Two languages are better than one. Educational Leadership", 55(4), 1997/1998, 23–26.

THOMAS Wayne, COLLIER Virginia. "Accelerated schooling for English-language learners. Educational Leadership", 56(7), 1999, 46–49.

THOMAS Wayne, COLLIER Virginia. *A national study of school effectiveness for language minority students' long-term academic achievement*. Santa Cruz, CA: Center for Research on Education, Diversity, and Excellence, University of California-Santa Cruz, 2002.

THOMAS Wayne, COLLIER Virginia. *Language Minority Student Achievement and Program Effectiveness: Research Summary of Ongoing Study*. George Mason University, 1998.

TOCHON, Francois Victor. "The key to global understanding: World Languages Education—Why schools need to adapt". *Review of Educational Research*, *79*(2), 2009, 650–681.

TORRES-GUZMÁN Maria, KLEYN Tatyana, MORALES-RODRÍGUEZ Stella, HAN, Annie. "Self-designated dual-language programs: Is there a gap between labeling and implementation?". *Bilingual Research Journal*, *29*(2), 2005, 453–474.

U.S. DEPARTMENT OF EDUCATION, Office of English Language Acquisition. *Dual Language Education Programs: Current State Policies and Practices*, Washington, D.C. 2015.

U.S. DEPARTMENT OF EDUCATION, Office for Civil Rights, and U.S. Department of Justice, Civil Rights Division. *Dear colleague letter, English learner students and limited English proficient parents*. Washington, DC: Author, 2015.

U.S. News Report High School Rankings: High School for Dual Language and Asian Studies.

UTAH SENATE. *International Education Initiatives – Critical Languages* (Senate Bill 41) 2008.

WALL, Patrick. “City to add dozens of dual-language programs as they grow in popularity”. *Chalkbeat*. 4 avril 2016.

WARHOL Larisa, MAYER Anysia. “Misinterpreting school reform: The dissolution of a dual-immersion bilingual program in an urban New England elementary school”. *Bilingual Research Journal*, *35*(2), 2012, 145–163.

WILEY Terrence, PEYTON Joy Kreeft, CHRISTIAN Donna, MOORE Sarah Catherine, LIU NA (Eds). *Handbook of Heritage and Community Languages in the United States: Research, Educational Practice, and Policy*. Oxford, U.K.: Routledge, 2014.

WILLIG, Ann. “A meta-analysis of selected studies on the effectiveness of bilingual education”. *Review of Educational Research*, 55, 1985, 269-317.

WRIGHT, Wayne. *Foundations for Teaching English Language Learners: Research, Theory, Policy, and Practice*. Philadelphia, PA: Caslon, 2015.

YANG SU Eleanor. *Dual-language lessons growing in popularity*. Emeryville, CA: California Watch, 2012.

ZAKHARIA, Zeena. “Language, conflict, and migration: Situating Arabic bilingual community education in the United States”. *International Journal of the Sociology of Language.* 2016; 237: 139–160.

ZAKHARIA Zeena, MENCHACA BISHOP Laura. “Towards positive peace through bilingual community education: Language efforts of Arabic-speaking communities in New York”. Dans Ofelia GARCÍA, Zeena ZAKHARIA et Bahar OTCU (éds.), *Bilingual community education and multilingualism: Beyond heritage languages in a global city*, 169–189. Bristol: Multilingual Matters, 2013.

ZANONI, Carla. “Principal Miriam Pedraja teaches Uptown children two languages at a time”. *DNAInfo*. 16 avril 2012.

ZEIGLER Karen, CAMAROTA Steven. “One in Five U.S. Residents Speaks Foreign Language at Home”. Octobre 2015. Center for Immigration Studies.

ZIMMER, Amy. “How Schools' French Dual-Language Programs Are Changing NYC Neighborhoods”. *DNAInfo*. 26 mai 2015.

Index

À PROPOS DE L'AUTEUR

Surnommé le « Parrain des filières d'immersion linguistique » par le New York Times, Fabrice Jaumont a plus de 25 ans d'expérience dans le secteur de l'éducation internationale et du développement de programmes multilingues. En lançant ce qu'on appelle la «Révolution bilingue» à New York, Fabrice Jaumont a mis son expertise au service des communautés française, italienne, japonaise, allemande et russe pour les aider à développer des filières bilingues de qualité au sein des écoles publiques locales.

Fabrice Jaumont est l'auteur de The Bilingual Revolution : The Future of Education is in Two Languages (TBR Books, 2017), disponible en français sous le titre La Révolution bilingue : le futur de l'éducation s'écrit en deux langues (TBR Books, 2017) et dans huit autres langues. Il est également l'auteur de Unequal Partners: American Foundations and Higher Education Development in Africa (Palgrave-MacMillan, 2016) qui examine le rôle de la philanthropie dans l'éducation et en particulier sur l'influence des fondations américaines sur les universités des pays émergents. Son prochain livre Partenaires inégaux. Les fondations américaines et leur influence sur le développement des universités en Afrique (Éditions de la Maison des sciences de l'homme, 2018) traite du même sujet.

Fabrice Jaumont est titulaire d'un doctorat en éducation internationale de New York University. Ses recherches sont à mi-chemin entre l'éducation comparative et internationale, la philanthropie, la diplomatie culturelle et le développement international. Il occupe aujourd'hui le poste de Directeur de programme pour la FACE Foundation à New York et d'Attaché linguistique pour l'Ambassade de France aux États-Unis, basé à New York.

fabricejaumont.net

Nous sommes une nouvelle maison d'édition basée à Brooklyn qui se concentre sur les idées révolutionnaires de la culture, de l'éducation et du développement humain. Nous ne publions que des livres qui cherchent à changer le monde.

Rendez-vous sur notre site internet pour soutenir la traduction de La Révolution bilingue : le futur de l'éducation s'écrit en deux langues par Fabrice Jaumont dans une des langues suivantes : arabe, chinois, allemand, italien, japonais, polonais, russe et espagnol.

Pour plus d'informations sur les commandes, ventes, formats e-book, livres audio, traductions, évènements, distribution mondiale et instructions pour les auteurs, visitez le site suivant :

tbr-books.com

Frantastique propose des cours de français FLE (Français Langue Étrangère) personnalisés par courriel quotidien. Suivez les aventures de Victor Hugo explorant l'univers de la francophonie. Les cours sont humoristiques, pratiques et avec une grande variété d'accents. Les cours sont adaptés à partir d'un niveau post-débutant et pour les plus de 15 ans. Comment ça marche ?

——— Un mois d'essai gratuit avec le lien ci-dessous ———

1) Un courriel en français : chaque matin, un courriel vous propose un assortiment de contenus écrits et audio. 10 minutes de français avec une histoire, des vidéo, des dialogues, questions, 'mini-leçons' et révisions.
2) Une correction immédiate : après avoir envoyé vos réponses, vous recevez votre correction avec votre score du jour, des explications personnalisées, le vocabulaire demandé, le script des audio...
3) Une approche personnalisée : la suite du parcours est conçue en fonction de vos réponses, de vos attentes et besoins. Frantastique revient sur vos erreurs pour développer un programme personnalisé.

larevolutionbilingue.info/fra

Rich Morning propose des cours d'anglais pour débutants : une série de dessins animés ludiques acheminés par e-mails quotidiens et assortis de questions, corrections, mini-leçons et révisions personnalisées. Rejoignez plus de 3 000 000 d'utilisateurs dans le monde !

Comment ça marche ?

————Quatre premières classes gratuites avec le lien ci-dessous———

1) Une leçon en anglais : chaque matin, je reçois une leçon par e-mail avec une vidéo Rich Morning Show accompagnée d'un assortiment personnalisé d'activités linguistiques, écrites, audio et vidéo.
2) Une correction immédiate : après avoir envoyé mes réponses, je reçois une correction personnalisée avec mon score du jour et des commentaires sur mes bonnes et mauvaises réponses.
3) Une approche personnalisée : le lendemain, je reçois une nouvelle leçon ! Puis, au fil de la formation, Rich Morning propose de revenir aux bons moments sur mes lacunes pour les mémoriser.

larevolutionbilingue.info/rms

Dépôt légal BNF – Juillet 2017

CPSIA information can be obtained
at www.ICGtesting.com
Printed in the USA
FSHW04n1638110418
46582FS

9 781947 626010